Hansjörg Schneider

*N*ilpferde
unter dem Haus

Erinnerungen, Träume

Diogenes

Der Text *Wasserfrau und Seeforelle* (S. 112)
ist in einer früheren Fassung erstmals am 16.8.2008
in *Annabelle,* Zürich, erschienen.
Der Text *Der Kater* (S. 118) ist in einer früheren
Fassung erstmals am 27.11.2008
in *Schweizer Familie,* Zürich, erschienen.
Umschlagillustration: Heiner Kielholz,
›Katze‹, 1993 (Ausschnitt)
Privatbesitz
Foto: © Schweizerisches Institut für
Kunstwissenschaft, Zürich,
Lutz Hartmann

I

Tagebuch
18. Dezember 2000 – 15. April 2001

Todtnauberg, 18. 12. 2000
Gestern vor 44 Jahren hat sich meine Mutter im Kohlenkeller meines Vaters neben den Gasanzünder gelegt, um zu sterben. Ein Datum, das ich immer wieder vergesse. Ich weiß nur, dass sie kurz vor Weihnachten gestorben ist. Dann schaue ich nach und sehe: 17. Dezember 1956.

Vor einem knappen Monat war das Sterbedatum meiner Frau A., 22. November 1997. Dieses Datum vergesse ich nie. Sie ist an Krebs im Kantonsspital Basel gestorben.

Ich sitze an einem Tisch im Hotel Engel, Todtnauberg, Schwarzwald, 1000 Meter über Meer. Ich schreibe in mein Tagebuch. Ich schreibe, dass die beiden Frauen, die für mich entscheidend waren, in relativ jungen Jahren gestorben sind.

Es ist zehn Uhr morgens. Ich habe soeben einen Spaziergang über die verschneiten Hügel gemacht.

Die unberührte, weiße Fläche, die schwarzen Tannen, am südlichen Horizont die Alpen im Dunst. Eine Schönheit, die mich jedes Mal aufs Neue überrascht. Warum ist die Welt so schön anzuschauen?

Todtnauberg, 19. 12. 2000

Ich habe hier oben ein Appartement mit zwei Zimmern gemietet, zu einem Spezialpreis, da mich die Wirtsleute mögen. Ich darf das Schwimmbad und die Sauna benutzen. Wenn ich Lust habe, setze ich mich abends in die Wirtschaft an den Stammtisch und trinke Bier. Ich habe mich mit dem alten Wirt angefreundet, der im Rollstuhl lebt. Mit einem Dachdecker. Mit einem Steuerberater. Mit einem Spengler im Ruhestand. Mit einem Maschinenschlosser in meinem Alter, der nebenbei noch ein paar Kühe hat. Und mit den Frauen, die bedienen. Ich rede mit diesen Leuten Schweizerdeutsch, sie reden Alemannisch.

Ich bin vor drei Jahren, nach dem Tod meiner Frau, hier heraufgekommen. Seither verbringe ich die Hälfte der Zeit hier oben. Es ist ein von meiner Vergangenheit unbeleckter Gebiet. Anstatt der *Basler Zeitung* lese ich die *Badische Zeitung*.

Am Morgen um acht sitze ich im Wirtsraum unten und frühstücke. Dann gehe ich hinauf auf die Hügel. Zwei, drei Stunden wandern, im Winter mit den Skiern. Mittags koche ich eine Suppe. Ich lege mich hin und schlafe eine knappe Stunde. Ich gehe hinunter und trinke Kaffee. Ich überlege, was ich schreiben könnte. Dann setze ich mich in meinem Appartement hin und schreibe. Manchmal kommt eine Katze herein, miaut freundlich und trinkt etwas Milch. Meist setzt sie sich anschließend aufs Kanapee und schaut mir eine Weile zu, wie ich krumm über den Tisch gebeugt dahocke, vor mir das Schreibheft, in der Hand den Kugelschreiber. Wenn ich nicht weiterweiß, stehe ich auf und laufe wie ein Tiger im Käfig herum. Wenn ich ein Stück schreibe, deklamiere ich laut meine Sätze. Worauf die Katze das Weite sucht.

Manchmal übernachtet sie bei mir, sie schläft in meinen Kniekehlen. Da ich nicht mehr durchschlafen kann, miaut sie jeweils empört, wenn ich um halb drei erwache, mich in der Stube an den Tisch setze, um den Traum, der mich geweckt hat, aufzuschreiben. Ich erwache jede Nacht um halb drei. Meist ist es ein schlimmer Traum, von Abschied und Schuld. Ich banne diese Träume, indem ich sie aufschreibe. Und schlafe gleich wieder ein. Für gewöhnlich ist dann die Katze weg, sie mag Nachtruhestörung nicht.

Ein gutes Leben eigentlich, das ich hier oben führe. Ein gutes Schreiben. Schreiben ist für mich zum Leben geworden.

Zu Lebzeiten meiner Frau habe ich leichter, spielerischer geschrieben. Ich habe nur geschrieben, wenn ich Lust dazu hatte. Jetzt kann ich nicht mehr leben, ohne zu schreiben.

Ich habe zwei Theaterprojekte zugesagt, beide für 2003. Eines im Klosterdorf Muri, das andere im luzernischen Entlebuch, über den Bauernkrieg von 1653. Das eine soll Liliana Heimberg inszenieren, das andere Louis Naef. Mit beiden bin ich befreundet. Die zwei Projekte werden mich aus meiner Einsamkeit herausreißen. Ich werde streiten und lachen.

Mit meinem Buchverleger Egon Amman ist ausgemacht, dass ich bis Ende 2001 einen weiteren Hunkeler-Krimi abliefern soll. Den Termin werde ich nicht einhalten können, aber ich freue mich aufs Schreiben.

Am liebsten würde ich einen langen Roman über A. schreiben. Über ihre Herkunft, ihren Werdegang, ihre Begegnung mit mir. Über ihre 35 Jahre dauernde Liebe zu mir. Ich habe nicht den Mut dazu. Die Urne mit ihrer Asche steht immer noch in meiner Basler Wohnung.

Also schreibe ich ein Tagebuch, dafür reicht mein Mut. Dieses Tagebuch handelt von mir. Von einem trauernden Witwer, der immer noch nicht ins Leben zurückgefunden hat und vielleicht nie zurückfinden wird. Der an einer Schuld herumkäut, die vielleicht gar keine ist.

Todtnauberg, 20. 12. 2000
Ich kann mir nicht vorstellen, dass ein Mensch, der seine Liebe durch Krebs verloren hat, keine Schuldgefühle hat. Diese Krankheit ist nicht zu verstehen. Man schaut dem Sterben zu, dieser grausamen, unabwendbaren Veränderung hin zum Tode. Und wenn der geliebte Mensch tot daliegt, will man auch nicht mehr leben.

Krebs ist Vernichtung des Lebens, langsam, präzise, unaufhaltbar. So war es jedenfalls bei meiner Frau. Ich wusste seit der Diagnose, dass nichts zu machen war.

Man sucht nach Gründen. Gewiss war das Zigarettenrauchen ein Hauptgrund. Warum, so frage ich mich, habe ich sie nicht gezwungen, mit der selbstmörderischen Raucherei aufzuhören? Oder war es meine Lieblosigkeit? Woher kam denn diese Lieblosigkeit, da ich A. ja über alles liebte?

Es gab Tage, da bestand ich nur noch aus Hass. Auf mich, auf die Welt. Dieser Hass war eine produktive Kraft für mein Schreiben. Aber an diesen Tagen habe ich auch A. gehasst. Das war gar nicht anders möglich, sie war meine Nabelschnur zur Welt.

Ich saß dann stumm da und habe sie voller bösen Gifts angeschaut. Sie hat darunter gelitten, konnte sich meinen Hass nicht erklären. Er hatte ja nichts zu tun mit ihr.

Natürlich hat sie gewusst, dass ich sie liebe. Das hat sie besser gewusst als ich. Aber ich bin einer, der immer wieder versucht, das, was er liebt, zu zerstören. Der Tod soll holen, was ich liebe. Anders gesagt: Ich kann meine Liebe am besten zeigen, indem ich sie zerstören will. Die intensivste Liebe ist die Destruktion.

Ich würde das nicht aufschreiben, wenn ich nicht wüsste, dass dies nicht nur mein persönliches, privates Problem ist. Es ist das Problem unserer Zivilisation, unserer Kultur. Es ist eine christliche Kultur, die ja eine Kultur der Liebe sein sollte. Ist sie aber nicht. Es gibt keinen Gott, in dessen Namen so viel zerstört und getötet worden ist, wie den Christengott. Es gibt keine Religion, in deren Namen die Frau so umfassend zerstört und vernichtet worden ist, wie die christliche Religion. In diesem Sinn trage ich 2000 Jahre christlichen Männerwahn auf dem Buckel.

A. hat mir mehrmals gesagt, ich sei der liebste Mensch auf dieser Erde. Wir haben es meist gut gehabt miteinander, wir haben uns schön geliebt. Woher kommen denn meine Schuldgefühle?

A. und ich sind gerne verreist, wir waren ein ideales Reisepaar. Am liebsten sind wir auf eine ägäische Insel geflogen. Wir haben ein Zimmer gemietet, und wenn uns langweilig wurde, haben wir uns auf einen der alten, schweren Kähne gesetzt. Wir sind von Insel zu Insel gefahren. Wo es uns gefiel, gingen wir an Land und blieben ein paar Tage.

Die Ägäis ist die schönste Landschaft, die ich kenne. Überall freundliches, helles Wasser, aus dem die Inseln aufsteigen, lieblich, beruhigend, ein Augentrost.

Einmal, es muss vor rund sieben Jahren gewesen sein, sind wir von Mykonos nach Paros hinübergefahren. Wir haben vorn auf dem untersten Seitendeck an der Reling gesessen und aufs Meer hinausgeschaut. Wir saßen rechts, ich weiß noch, wie die Bugwelle vom Rumpf wegrollte, hinaus aufs offene Wasser. Ein Sog war da, ein Strudel, dicht am fahrenden Schiff, das die Bugwelle seitlich wegschob, stetig in der schweren, vorwärtsdrängenden Bewegung. Dieser Sog schien mir plötzlich unausweichlich. Es war ein Sog in die Tiefe, ich erschrak. Dieser Sog war eine akute Gefahr, das fühlte ich deutlich. Nicht für mich, sondern für A. Ich verspürte den Drang, sie in diesem Sog untergehen, verschwinden zu sehen. Das kam plötzlich, ausweglos, am helllichten Tag. Ich hielt diesem erschreckend schönen Bild einige

Minuten stand, starrte auf das wegrollende Wasser, auf die dunkelblaue Tiefe darunter. Ich erhob mich und zerrte A. ins Innere des Schiffes, hinein an die Bar, wo wir Kaffee bestellten. Ich muss ziemlich verstört gewirkt haben, A. hat mich jedenfalls mit neugierigen, erstaunten Augen angeschaut.

Ich habe ihr nie etwas von diesem Erlebnis erzählt. Es war der Einbruch von etwas Urtümlichem in mein helles Tagesbewusstsein, unkontrollierbar, von atavistischer Notwendigkeit. Der ungeahnte Wunsch, meine Geliebte in der blauen Flut der Ägäis wegtauchen zu sehen.

Ich lese gerade Rüdiger Safranskis Buch über Nietzsche. Ich mag Safranski, schon seine Biografie über Martin Heidegger fand ich hervorragend.

Ich hatte nie etwas von Philosophie gehört, ehe ich mit zwanzig nach Basel an die Universität ging. Dort habe ich die Vorlesungen von Karl Jaspers besucht.

Von sechzehn bis zwanzig bin ich jeden Morgen mit der Eisenbahn nach Aarau ins Gymnasium gefahren und am Abend wieder zurück nach Zofingen. An diesem Gymnasium kam Philosophie nicht vor.

In Aarau ging ich jeden Mittag zu meiner Großmutter, um bei ihr zu essen. Es war das Haus, in dem meine Mutter aufgewachsen war. Mein Großvater, der auf dem Güterbahnhof arbeitete, hatte es bauen lassen. Zweistöckig, mit großem Gemüsegarten, mit einem Bohnapfelbaum und einem mächtigen Nussbaum.

Ich erinnere mich noch genau an den Duft, der in diesem Haus hing. Es duftete nach Äpfeln, nach Suppe, nach gewichstem Linoleum und nach undurchlüftetem Mief.

In diesem Haus wohnte meine Großmutter, eine kleine, evangelisch fromme Frau. Es wohnte auch Onkel Fritz hier, der war debil. Das hatte in seiner Pubertät angefangen. Er hatte keine Lehre machen können und einige Zeit in Anstalten verbracht, bis ihn die Großmutter nach Hause nahm. Er trug stets ein über die Ohren gezogenes Béret und neigte zur Fettleibigkeit. Nach dem Essen versuchte er jeweils, auch noch die Salatsoße auszutrinken.

Er starb, als ich 22 war. Ich habe von ihm 2000 Franken geerbt und bin damit sogleich für einige Monate nach Paris gefahren.

Außerdem wohnte hier Tante Hanna. Sie war wie meine Mutter Lehrerin geworden, war ledig geblieben. Sie hatte eine Zeitlang in Schinznach Dorf unterrichtet, bis es nicht mehr ging. So hat man sich das in der Familie Riniker damals erklärt: Es ist nicht mehr gegangen. Fortan blieb sie zu Hause.

Diese Tante Hanna war eine Leserin. Später, im Altersheim, hat sie Hemingways *Sämtliche Werke* gekauft und gelesen. Sie hat alle meine Bücher gelesen.

In der Stube stand eine Ofenkunst mit grünen Kacheln. In der Mitte der Tisch, darüber die Zuglampe mit dem Gegengewicht aus Porzellan. An der Wand ein Kanapee.

Nebenan lag das Festzimmer, das nur an Weihnachten benutzt wurde. Es blieb im Winter ungeheizt. Dort gab es ein Büchergestell, und auf diesem Büchergestell standen die Bücher von Hermann Hesse und Ernst Wiechert. Seltsamerweise waren auch Nietzsches *Sämtliche Werke* da, grüne Bände, ungefähr zwölf an der Zahl. Wie die hierhergekommen waren, habe ich nie erfahren. Tante Hanna hat nicht darüber geredet.

Immer über Mittag, wenn ich gegessen hatte, habe ich mich im Festzimmer hingelegt und gelesen, was da war. Erst Wiechert, dann Hesse. Dann habe ich mich hinter Nietzsche gemacht.

Ich habe nicht viel begriffen. Es hat mir niemand gesagt, wie man so etwas lesen muss, wovon Nietzsche überhaupt redet. Ich wusste nicht einmal, wann er gelebt hatte, gegen was er gekämpft hat, in welcher Tradition er stand. Ich hatte kein Koordinatensystem, in das ich ihn hätte einordnen können. Er ging auf mich los wie ein glühender Meteor. Seine Sprache hat mich süchtig gemacht, seine poetischen, rücksichtslosen, giftigen Sätze. Ich habe Seite um Seite verschlungen. Und etwas habe ich begriffen. Was am Umfallen ist, soll man stürzen. Der Starke muss einsam bleiben. Liebe ist Schwäche. Und mit den Weibern ist nichts Rechtes anzufangen.

Das war die Zeit, in der meine Mutter krank wurde.

Jetzt, bei der Lektüre von Safranskis Buch, komme ich aus dem Staunen nicht heraus. Wie war es möglich, dass ich diesem Übermann auf den Leim kroch? Diesem eingebildeten, genialen Trottel, der keine Ahnung hatte, was Liebe ist? Ich habe das ja nicht als historische Literatur gelesen, als Sturmböe gegen die Windstille des Biedermeier. Sondern als Botschaft eines heute lebenden Freundes.

Jaspers hat mich dann eines Besseren belehrt. Und bald darauf habe ich Brechts Liebesgedichte gelesen.

Von siebzehn bis neunzehn hatte ich eine Freundin. Wir trafen uns jeden Morgen in der Eisenbahn, setzten uns ins Abteil neben der Toilette und küssten uns. Manchmal legten wir uns auch an die Aare oder stiegen auf den Bornberg bei Aarburg hinauf und umarmten uns auf einer Felskanzel, von der man weit ins Mittelland sah.

Aber auch diese traumhafte Jugendliebe ging zu Ende. Ich habe meine Freundin mehrmals tief verletzt. Ich habe sie nicht nur meine Hitze, sondern auch meine Kälte, die nach dem Tod meiner Mutter in meinem Herzen war, spüren lassen. Ich habe sie beleidigt. Bis sie sich von mir verabschiedet hat.

Danach habe ich ohne Liebe gelebt, abgesehen von kurzen Verliebtheiten, wie das so üblich war. Einmal, mit 22 Jahren, bin ich einer Frau begegnet, der ich vom ersten Augenblick an verfallen war. Sie war verlobt, sie ist bei ihrem Verlobten geblieben und hat ihn geheiratet.

Richtig zu lieben habe ich erst bei A. gelernt. Es war Liebe auf den ersten Blick, die bis heute andauert.

Todtnauberg, 21. 12. 2000

Heute ist Wintersonnenwende. Ich bin soeben auf dem Stübenwasen gewesen und habe in die Landschaft geschaut. Im Süden die Alpen, dunkel aufragend am Horizont. Ich kenne diese Berge, ich habe einige davon bestiegen, als ich ein junger Mann war.

Den schönsten Berg, auf dem ich war, sieht man von hier oben nicht. Es ist die Bernina.

Ich war damals in Chur in der Rekrutenschule. An einem Samstag nach dem Abtreten bin ich mit einem Kollegen in die Bahn nach Pontresina gestiegen. In der Toilette haben wir die Uniform aus- und die Kletterhosen angezogen. Um sieben Uhr abends haben wir uns zur Tschierva-Hütte aufgemacht. Ich weiß noch, dass es den ganzen Weg geregnet hat. Um Mitternacht waren wir in der Hütte. Da sie überfüllt war, haben wir uns auf den Boden gelegt und ein bisschen geschlafen. Um drei sind wir losgezogen, wir waren die ersten an diesem Morgen. Als die Sonne aufging, waren wir im Sattel, dort, wo man in den Biancograt einsteigt. Wir haben die klassische Route gemacht, über Grat und Gipfel und dann hinunter über den Gletscher zur Morteratsch-Hütte. Wir haben nie länger als zehn Minuten gerastet, damit wir am Abend den letzten Zug noch erreichten. In der Eisenbahntoilette haben wir wieder die Uniform angezogen und waren pünktlich in der Kaserne.

Nach der Rekrutenschule habe ich vor allem in Basel gelebt, in Mansarden, ich hatte fast kein Geld. Die Abende habe ich beim Bier in den einschlägigen Beizen verbracht, mit Leuten, die ich interessant fand. Ich war ausschließlich mit Männern zusammen. Von Frauen habe ich mich meist ferngehalten.

Einmal hat mich eine Dreißigjährige, die manchmal als Hure arbeitete, heimbegleitet, weil ich ihr gefiel. Ich weiß noch, dass sie sich mit meinem Sperma ihre kleinen Brüste eingerieben hat. Sie würden so größer werden, hat sie behauptet.

Ich frage mich, warum ich mich nicht öfter zu einer Frau gelegt habe. Ich denke, dass die Liebe, die Erotik für mich tabuisiert war. Erst durch meine prüde Erziehung. Dann, und vor allem, durch den Tod meiner Mutter. Ihr Leichnam hat in unserer Stube gelegen und zusammen mit den Blumen, die um ihr wächsernes Totengesicht herumstanden, einen Duft verströmt, den ich nicht mehr aus der Nase brachte. Liebe war für mich nach ihrem Hinscheiden für lange Zeit unmöglich.

Bis ich A. begegnet bin. Sie hat mich gestreichelt und geküsst. Sie hat mich zur Liebe verführt.

Dann lag auch sie tot da, nicht bei mir zu Hause, sondern im Spitalbett. Wieder der seltsame Duft, diesmal nicht gemildert von Blumen, die waren erst bei der Abdankung da.

Ich habe mir schon nach dem Sterben meiner Mutter Selbstvorwürfe gemacht. Wieso bin ich nicht lieber zu ihr gewesen, habe ich mich gefragt. Wäre sie am Leben geblieben, wenn ich besser zu ihr geschaut hätte? Ich wusste, dass diese Fragen falsch waren. Dass ein achtzehnjähriger Mann sich von seiner Mutter lösen muss. Dass ich immer sehr lieb zu meiner Mutter gewesen bin, einfach deshalb, weil sie mir immer und überall, wo sie konnte, geholfen hat. Ich wusste auch, dass Suizid ein Menschenrecht ist. Trotzdem waren die Vorwürfe da.

Jetzt, seit etwas mehr als drei Jahren, wiederholt sich diese Schuldgeschichte. Auch jetzt weiß ich, dass sie falsch ist. A. hat es mir deutlich gesagt. Sie hat gesagt: Hör sofort auf mit dem Blödsinn.

Trotzdem frage ich mich, ob sie vielleicht noch leben würde, wenn ich lieber gewesen wäre zu ihr. Ich denke, dass diese Frage für einen alternden Witwer ganz normal ist. Ich werde mich dies fragen, bis ich sterbe.

Ich habe kürzlich den *Turmbau* von Dürrenmatt gelesen, den zweiten Band seiner *Stoffe*. Auf den ersten Seiten versucht er zu philosophieren, als würde er eine Seminararbeit schreiben. Später berichtet er über den Tod seines Schäferhundes. Er geht in die Details, schildert, wie er den Kadaver zum Abdecker bringt und so weiter. Was soll das?, habe ich mich gefragt. Wieso verschwendet der alte Mann seine Schreibzeit an den Tod eines Köters?

Gleich anschließend habe ich begriffen, warum. Dürrenmatt schreibt dann über den Tod seiner Frau. Kurz, fast protokollarisch, kühl. Alles, was er über diesen Tod hat sagen wollen, hat er bereits in die Schilderung des Sterbens des Hundes gelegt. Er war offenbar nicht fähig, direkt über den Tod seiner jahrzehntelangen Geliebten zu schreiben. Was ich gut begreife.

Ich habe nie erlebt, dass sich meine Eltern umarmt oder geküsst hätten. Vermutlich haben sie das ab und zu getan, aber nie vor uns Kindern.

Ich habe selten erlebt, dass mein Vater gelacht hat. Offenbar fand er das Leben nicht lustig. Nur manchmal, wenn er ein Glas Wein zu viel getrunken hatte, was pro Jahr vielleicht zweimal vorkam, hat er laut losgewiehert. Dann hat er Wörter gebraucht wie »cheibe Löl«, »dumme Cheib«.

Meine Mutter hat uns Grimms Märchen so lebendig erzählt, dass ich sie heute noch auswendig kann. Sie hat viel gelesen.

Mein Vater hat von meiner Jugendfreundin nichts gewusst. Meiner Mutter habe ich von ihr erzählt. Sie hat sich gefreut, dass ich so ein schönes Mädchen hatte.

Meine Mutter hat es immer wieder fertiggebracht, eine wunderbare Stimmung zu schaffen, ruhig, friedlich, so dass man sich wohl gefühlt hat. Ich habe ihr geholfen beim Bohnenabfädeln und beim Bügeln. Es war von einer zauberhaften Selbstverständlichkeit, wie wir am Tisch saßen und erzählten, was uns in den Sinn kam.

Sie hat keine Macht gehabt. Die gehörte dem Vater. Er ist immer wieder hereingepoltert. Er hat nur gestört.

Er hat dreimal seine Hüftgelenke operieren müssen. Er hat sich dank seines eisernen Willens jeweils sehr schnell von den Operationen erholt. Einmal, wenige Wochen nach einem solchen Eingriff, hat ihn ein Freund besucht. Mein Vater hat ihn draußen im Garten erwartet. Er ist ächzend und stöhnend auf seinen Krücken herumgehumpelt. Dann hat er die Krücken auf einmal weggeworfen und ist schnurgerade auf den Freund zugegangen, so dass der nicht schlecht gestaunt hat. So einer war er.

Er stammte aus dem stockkatholischen Würenlingen im Aargau und ist auch dort aufgewachsen. Mausarm, sein Vater ist früh gestorben. Er hat das Lehrerseminar Wettingen besucht und ist später Gewerbeschullehrer geworden.

Er ist schon früh aus der katholischen Kirche ausgetreten. Er hat erklärt, die Wundergeschichten, etwa des Heilandes Gang über das Wasser, seien nichts anderes als billige Propaganda.

Kurz vor Beginn des Zweiten Weltkriegs hat er erfahren, dass er auf der schwarzen Liste der ›Fröntler‹ stand. Was bedeutet hat, dass er beim Einmarsch der Deutschen Wehrmacht sogleich erschossen worden wäre. Er hat sich für diesen Fall einen Browning gekauft, er hätte versucht, vor seinem Tod noch drei stadtbekannte Nazis zu erschießen. Ich weiß, er hätte das gemacht. So einer war er eben auch.

In unserer Stube in Zofingen stand ein Ausziehtisch aus Nussbaum, den Vater eigens von einem Schreiner hatte zimmern lassen. An diesem Tisch herrschte während der Mahlzeiten für uns Kinder Redeverbot. Den Begriff Redeverbot hat mein Vater selber erfunden. Ich vermute, es war seine einzige Erfindung.

Einmal wurde er aus irgendeinem Grund derart wütend auf die Mutter, dass er mit beiden Händen die noch halbvolle Rösti-Platte ergriff und so auf den Tisch schmetterte, dass sie in Brüche ging. Wir Kinder haben gestaunt. Die Mutter hat die Scherben eingesammelt, wir haben wortlos weitergegessen.

Nach einer Weile hielt es der Vater nicht mehr aus. Er hat Teller und Tischtuch weggeschoben und nachgeschaut. Tatsächlich wies das Tischblatt einen ziemlich tiefen, halbmondförmigen Hick auf. Das haben wir Kinder schadenfroh festgestellt. Aber keines hat gelacht. Diesen Hick hat Vater dann vom Schreinermeister mit einem genau zugeschnittenen Hölzchen ausfüllen lassen.

Der Tisch steht heute noch an derselben Stelle. Der Halbmond ist immer noch zu sehen, was mich freut. Er zeugt davon, dass mein Vater wenigstens einmal in seinem Leben eine Rösti-Platte auf einen Tisch geschmettert hat.

Mit zehn Jahren war ich Mitglied einer Bande, die wir die Schwarze Hand nannten. Wir waren zu dritt, wir haben hinter dem Weiher am Waldrand oben eine Höhle gehabt. Dort hockten wir drin, kratzten mit einem Dolch ein bisschen am weichen Sandstein herum und träumten von einem Feind, der sich anschlich und uns aus der Höhle vertreiben wollte.

Der Anführer der Bande kam aus einer reichen Familie, die am Rebberg oben wohnte. Diesem Anführer hatte ich ewige Treue geschworen. Ich wäre bereit gewesen, für ihn zu sterben. Jeden Mittag nach der Schule begleitete ich ihn bis an den Fuß des Rebbergs. Erst dann machte ich mich auf den Heimweg und kam regelmäßig eine Viertelstunde zu spät. Der Mutter wäre meine Verspätung egal gewesen, die Suppe war ja noch warm. Aber mein Vater wollte meine Extravaganz nicht dulden. Er beschloss, mir den eigenen Willen auszutreiben. Er nahm mich jedes Mal, wenn ich heimkam, in sein Büro, versohlte mir mit dem Lineal den Hintern und schickte mich dann ins Bett, bis ich wieder zur Schule musste. Er hat das mehrere Monate durchgehalten. Aber ich habe auch durchgehalten. Mir waren die Schläge gleichgültig. Und bevor ich zum Nachmittagsunterricht ging, hat mir die Mutter etwas zugesteckt.

Ich weiß noch, wie idiotisch ich diese Prügelei fand und wie sehr ich Vater verachtet habe.

Ich muss hier anmerken, dass er keine einsame Ausnahme war. Ein Lehrer in der Bezirksschule hat einem meiner Klassenkameraden mit einer Ohrfeige das Trommelfell zertrümmert. Ohne Sanktion notabene. Mir selber hat der Geographielehrer, der sonst nicht prügelte, zweimal die Faust so ins Gesicht geschlagen, dass ich zu Boden ging. Ich weiß heute noch nicht warum.

Die schwerste Strafe, die ausgesprochen wurde, war der Karzer. Das war dem Vernehmen nach ein dunkler Raum, ein Kerker, in dem die besonders bösen Buben für einige Stunden eingesperrt wurden. Ich habe ihn zum Glück nie gesehen. Diese Strafe traf nur Jungen aus armen Familien. Und wenn sie wieder herauskamen, waren sie gezeichnet.

Im Grunde war ich ein Musterknabe. Gut dressiert, gute Noten, gut im Sport. Und bis in die Haarwurzeln verklemmt. Dass ich diese Dressur überlebt habe, verdanke ich meiner Mutter. Sie hat meine Liebesfähigkeit, wenn auch heimlich, am Leben erhalten.

Mein Vater ist mit 85 Jahren rücklings die Treppe hinuntergefallen und mit dem Kopf aufgeschlagen. Das war vor rund zehn Jahren. Im Spital wollte der Arzt wissen, ob er noch bei Verstand sei, und hat ihm Fragen gestellt. Wie er heiße, wann er geboren sei, wo er sich jetzt befinde. Vater hat alle Fragen genau beantwortet. Nur auf die letzte Frage hat er gesagt: in der Hölle.

Einen Tag später habe ich ihn besucht. Er lag im Sterben, war nicht mehr bei Sinnen. Er sah klein aus, geschrumpft, wie ein Kind.

Ich frage mich, ob die Lieblosigkeit, die ich mir vorwerfe, eine Folge dieser spartanischen Erziehung ist. Ich habe alles gelernt, was man damals lernen konnte, Algebra, Latein, Altgriechisch. Ich war ein erstklassiger Handballer. Ich war Orientierungsläufer, Bergsteiger, ein guter Schwimmer. Nur als ich ein Mädchen küssen wollte, hatte ich keine Ahnung, wie.

Schlimmer noch als die körperliche Züchtigung war die geistige Züchtigung.

Ich bin im Kalten Krieg herangewachsen. Der Rektor der Bezirksschule war ein freisinniger Oberst, mein Klassenlehrer ein freisinniger Major. Sie hatten vor allem das Ziel, uns zu strammen Antikommunisten zu erziehen. Das war damals normal, ich hatte es bald durchschaut. Und bei der ersten Gelegenheit griff ich mir ein Buch von Marx und las mehrere dutzend Seiten, obschon ich es stinklangweilig fand. Ich las alles Neue, was mir in die Hände fiel. Das war sehr wenig. Die Welt in den aargauischen Kleinstädten war hermetisch abgeschottet von den geistigen Strömungen der Zeit.

Einmal habe ich in einer Wanderausstellung Bilder von Walter Wiemken und Louis Soutter gesehen. Die haben mich aus den Socken gehauen. Ich kannte nur Ferdinand Hodler, und den fand ich fade.

Mit sechzehn habe ich mit einem Freund eine Radtour nach Nancy gemacht. Dort gab es eine Ausstellung von Raoul Dufy. Wir sind gleich hineingegangen, und ich war hingerissen von der Leichtigkeit des Lebens, die auf diesen Bildern aufschien.

Es ist unglaublich, wie verhockt die Schweiz damals war. Sie schien kurz vor dem Ersten Weltkrieg stillgestanden zu sein. Die ganze moderne Kunst war unbekannt. Die großartige deutsche Literatur der ersten Jahrhunderthälfte war nicht vorhanden. Ein bisschen Bergengruen, ja. *Narziss und Goldmund* vielleicht, diesen Roman hatte meine Mutter meinem Vater zur Hochzeit geschenkt. In der letzten Gymnasialklasse ein paar Gedichte von Rilke, das war eine Kühnheit ohnegleichen.

Wir haben uns geholfen, so gut wir konnten. Immerhin gab es *Dämmerklee* von Alexander Xaver Gwerder und ein paar Gedichte von Benn.

Eine Zeitlang hat Max Frisch am Radio seinen *Stiller* vorgelesen, abends spät. Ich habe ein paarmal zugehört, aber ich fand auch das fade.

Zum Glück gab es den Jazz. Ich glaube, diese Musik hat mir nach dem Tod meiner Mutter das Leben gerettet. Vielleicht ist es normal, dass jede Generation gegen den Willen der Erzieher ihren eigenen Weg suchen muss. Ich frage mich allerdings, warum das so sein muss. Man könnte die Erzieher auch gernhaben. Ich habe meine Erzieher verachtet.

Am schlimmsten war die Unterdrückung unserer Erotik. Sie geschah so selbstverständlich, dass es gar nicht auffiel. Es schien schlicht keine Erotik zu geben.

Wir Jungen von zwölf Jahren haben die üblichen Spielchen gemacht, haben uns gegenseitig ausgenommen, wie wir das nannten, indem wir uns, scheinbar mit Gewalt, gegenseitig an die Hoden griffen. Auch haben wir onaniert und geschaut, wer am meisten spritzte.

Irgendeiner von uns hat das zu Hause seinem Vater erzählt. Und dieser Mann wusste nichts Gescheiteres, als zu unserem Klassenlehrer zu rennen. Was dann geschah, war das Lächerlichste, was ich von den Lehrern je erlebt habe. Wir mussten alle an einem schulfreien Nachmittag antreten. Jeder wurde aufgerufen und musste aussagen, ob er bei diesen kriminellen Akten mitgemacht hatte oder nicht. Wer es abstritt, durfte nach Hause gehen. Wir andern mussten uns eine schändliche Moralpredigt anhören. Wir schrieben alle einen Aufsatz, in dem wir unsere Sünden bekannten. Der Klassenlehrer erklärte, er wolle Gnade vor Recht ergehen lassen, von weiterer Bestrafung absehen und keine Mitteilung an unsere Eltern machen.

Wir Schüler haben uns geschämt. Nicht über unsere Untaten, von denen wir selbstverständlich wussten, dass sie ganz normal waren. Wir haben uns geschämt für unsere Lehrer.

Im Weiteren wurde kein Wort mehr verloren über solche Dinge.

Es hat uns niemand gesagt, wie man mit einem Mädchen schläft. Es hat uns niemand gesagt, dass man das Mädchen, mit dem man schläft, zumindest achten sollte. Auf diesem Gebiet war die Hilflosigkeit der Lehrer phänomenal.

Ich hatte einen Freund, der hat es schon früh mit den Frauen versucht. Er hat mir davon erzählt, ich habe gestaunt. Er hat die Liebe genossen, er war lieb zu den Mädchen. Sein Vater stammte aus dem Tessin. Er hat diesen Vater beim Abschied jeweils auf den Mund geküsst, voller Stolz. Wenn ich meinen Vater hätte auf den Mund küssen müssen, hätte ich mich wohl erbrochen.

Man kann einen jungen Mann nur unterdrücken, wenn es gelingt, seine Erotik zu unterdrücken. Am besten fängt man damit schon in den ersten Lebensjahren an. Man hämmert ihm, wenn er zehn ist, ein bigottes Christentum ein. Man erzählt von der Sünde, von Jesus, der ja auch keine Frau hatte. Man schimpft auf die Frauen, verachtet sie, nimmt ihnen jede Macht. Denn sie sind die Einzigen, die dem jungen Mann helfen könnten. Dann schaut man zu, wie der junge Mann verstummt und langsam neurotisch wird. Vermutlich fragt man sich schließlich, was man wohl falsch gemacht hat. Aber Rat weiß man keinen.

Todtnauberg, 23. 12. 2000
Heute Morgen bin ich über den Stübenwasen gegangen und habe mich beim Kreuz hingekniet, um zur Muttergottes zu beten. Was mich erstaunt hat. Aber zu wem soll ich sonst beten?

Morgen fahre ich zu meiner Stiefmutter nach Zofingen, um den Heiligen Abend zu feiern. Übermorgen kommen meine beiden Kinder zu mir in meine Basler Wohnung. Ich werde einen Tannenbaum aufstellen und ein Kaninchen braten.

Dieser 25. Dezember ist der Geburtstag von A. Sie würde an diesem Tag sechzig Jahre alt.

Ich frage mich, ob ich den Rest meines Lebens allein bleiben soll. Ich bin gern allein, bin die Einsamkeit gewohnt. Aber es ist ein Unterschied, ob ich aus freien Stücken die Einsamkeit suche, um zum Beispiel ein Buch zu schreiben, oder ob ich wirklich einsam bin. Im ersten Fall kann ich jeden Abend eine halbe Stunde mit meiner Geliebten telefonieren, ich kann zu ihr fahren, wenn ich will. Im zweiten Fall fange ich plötzlich an, Selbstgespräche zu führen, und erschrecke über meine Stimme.

Gestern Abend fand hier im Hotel Engel am Stammtisch ein weihnachtlicher Umtrunk statt. Ich saß unter alten Männern, die ich inzwischen alle kenne. Ich habe diese Männer angeschaut. Ich habe mich gefragt, ob sie noch ab und zu mit ihren Frauen schlafen. Wohl kaum, habe ich gedacht, oder höchstens an Ostern und Neujahr. Dann ist mir aufgefallen, dass ich so alt bin wie sie.

Ich habe mit meinem Sohn über mein liebloses Leben gesprochen. Er hat mir geraten, doch einmal in ein Puff zu gehen. Aber dazu bin ich nicht der Typ.

Es kann also ohne weiteres sein, dass ich einsam bleibe. Es gibt viele Männer in meinem Alter, die einsam sind. Ich sehe sie in den Wirtschaften sitzen, allein an einem Tisch, mit einer alten Seidenkrawatte um den faltigen Hals, mit neuen, viel zu weißen Zähnen.

Als ich mit zwanzig nach Basel kam, habe ich endlich die moderne Kunst entdeckt, die moderne Literatur. Ich habe Brecht gelesen, er wurde zu meinem wichtigsten Autor. Ich habe Sigmund Freud entdeckt, ich habe alles, was von ihm aufzutreiben war, verschlungen. Für mein Doktorexamen habe ich als zweites Nebenfach Freuds Tiefenpsychologie gewählt. Ich habe versucht, meiner Vergangenheit zu entkommen. Ich habe mich in die Beizen gesetzt, wo die Leute saßen, die etwas im Sinn hatten, Malerei, Literatur. Ich war Stammgast in der Rio Bar und in der Seibi. In den Monaten in Paris habe ich jede Nacht im Tabou gehockt, einem Ausläufer der Existenzialistenkeller. Ich habe versucht zu schreiben. Es wurde nichts Rechtes daraus, ich wusste nicht wie.

Nach dem Studium bin ich ein halbes Jahr Lehrer an der Kantonsschule Chur gewesen, anschließend ein halbes Jahr Volontär auf der Redaktion der *Basler Nachrichten*. Ich bin meiner Vergangenheit nicht entkommen, sie hat mich eingeholt.

Im November hatte ich auf der Redaktion Nachtschicht bis morgens um fünf. Da bin ich zusammengeklappt. Ich war brandmager, konnte nicht mehr einschlafen und hatte Mühe, mein Zimmer zu verlassen. Ein Freund hat mich in die Psychiatrische Poliklinik gebracht. Vierzig Milligramm Valium pro

Tag, Psychoanalyse. Sie hat mich wieder auf die Beine gestellt. Ich bin in ein Bauernhaus im Berner Jura gezogen, habe von Buchbesprechungen gelebt und pro Nacht drei Träume aufgeschrieben. Ich habe mir einen Schnurrbart wachsen lassen, worauf mein Vater gesagt hat, mit diesem Schnauz solle ich ihm nicht mehr unter die Augen kommen. Ich bin zwei Jahre nicht mehr nach Zofingen gefahren.

Dies war die Zeit, in der ich meine ersten guten Sachen schrieb. Ich habe angefangen, mein bisheriges Leben zu beschreiben. Meine Jugend, meine Mutter, meinen Vater, mich selbst. A. hat meine ersten beiden Texte fünfzigmal hektographiert und mit einem gedruckten Deckblatt versehen. *Leköb*, die Umkehrung meines Übernamens Böckel (von Wilhelm Buschs Schneider Böck), *Distra*, die Umkehrung ihres Namens.

1968 bin ich als Regieassistent ans Basler Theater gegangen. Am 15. Dezember desselben Jahres sind unsere Zwillinge auf die Welt gekommen.

Ich notiere das so protokollarisch kurz, weil ich es schon mehrmals aufgeschrieben habe, zuletzt im *Nachtbuch für Astrid*. Ich muss es immer wieder hinschreiben, um mich meines Lebens zu vergewissern.

In den letzten drei Jahrzehnten haben die Sekundären die Primären verdrängt und selber die Macht übernommen. Wo du hinkommst, hockt schon ein Sekundärer und will dir erklären, was Kunst ist.

Ein Primärer ist einer, der eine Erfindung macht, der stur an dieser Erfindung festhält und sie weiterentwickelt. Ein Sekundärer ist einer, der diese Erfindung ausbeutet, indem er sie zum Beispiel verreißt. Ein Sekundärer weiß alles, ein Primärer weiß nichts.

Die Sekundären füllen die Zeitungsredaktionen, die Universitäten und die Fernsehschirme. Sie dürfen das, denn sie können mit ihren Wörtern die Zeit totschlagen. Die Zeit vermag sich nicht zu wehren gegen dieses Geschwätz.

Die Sekundären klagen darüber, dass sie keine Zeit haben, nur Stress. Denn der Bedarf an sekundärem Geschwätz ist enorm. Es hat die Aufgabe, die tatsächlichen Probleme mit belanglosen Wörtern zuzudecken und so zum Verschwinden zu bringen. Sie verschwinden aber nicht, sie bleiben da. Sie sind nur von den Primären zu lösen.

Die Primären sind frei. Sie müssen sich ihre Freiheit immer wieder erkämpfen. Am besten tun sie das, indem sie die Sekundären beleidigen. Dann sind sie vogelfrei und können schreiben, was sie wollen.

Gestern Abend habe ich in Zofingen, im Garten meines Vaters, eine Primel gepflückt. Das war Tradition. Ich habe immer an Weihnachten in irgendeinem Garten für A. eine Primel gepflückt.

Zu Hause in Basel habe ich die Primel auf die Urne mit A.s Asche gelegt. Aber dort schien sie mir nicht am richtigen Ort zu sein. Ich habe sie dann auf dem Küchentisch in ein Glas eingestellt. Anschließend habe ich mich zu Jost Meier in eine Wirtschaft gesetzt, bis nachts um halb zwei.

Heute Morgen um acht bin ich zum Spitzwald hinaufgefahren und ein bisschen herumgetrabt. Dann habe ich in einer Türkenbeiz Kaffee getrunken.

Jetzt sitze ich am Küchentisch und schreibe in mein Heft. Zwischendurch schaue ich die Primel an. Sie ist von einem hellen, sanften Gelb, zart und lieb.

1967, als ich in einem Bauernhaus im Jura wohnte, habe ich für Hansruedi Linder von der *National-Zeitung* Bücher besprochen. Ich brauchte damals fast kein Geld, ich lebte von Milch und Brot. Ich hatte einen alten Condor Puch. Mit dem fuhr ich jeweils nach Basel zur Redaktion.

Eines Tages wollte mir Hansruedi Linder einen Packen Bücher von Schweizer Autoren geben. Er sagte: Jetzt wollen wir einmal schauen, ob aus Ihnen ein neuer Carl Seelig wird. Ich antwortete, dass ich diese Bücher nicht besprechen könne, da ich selber Autor werden und meine zukünftigen Kolleginnen und Kollegen nicht verärgern wolle. Worauf mich Linder verwundert gemustert hat.

Wochen später sind alle diese Bücher dann doch in der *National-Zeitung* besprochen worden. Und zwar von einem noch unbekannten Dieter Bachmann, der inzwischen zu einem ganz starken Sekundären herangewachsen ist. Er ist einer der stärksten Sekundären überhaupt. Er hat mir lange die Treue gehalten und mich stets zuverlässig verrissen, mit blankem Hass. Erst 1979, als *Der liebe Augustin* am Zürcher Schauspielhaus uraufgeführt wurde, ist er weich geworden und hat mich gelobt. Keine Ahnung warum.

1973, kurz vor der Uraufführung meines *Erfinders,* ebenfalls am Schauspielhaus Zürich, hat der starke Dieter einen starken Auftritt gehabt. Werner Wollenberger, der dort damals Dramaturg war, hat mich gefragt, ob ich der *Weltwoche* ein Interview geben würde. Gern, habe ich gesagt. Er hat dann ein Treffen zwischen dem starken Dieter und mir arrangiert, an einem Morgen um halb elf im Pfauen, dem Restaurant neben dem Schauspielhaus. Ich war pünktlich dort. Der starke Dieter kam um elf, trank zwei Stangen Bier, erzählte mir eine halbe Stunde von Paul Hallers *Marie und Robert* und wollte sich dann mit der Bemerkung verabschieden, er habe leider sein Portemonnaie vergessen, ich solle doch bitte seine zwei Bier bezahlen.

Gern, habe ich gesagt, aber ich sei eigentlich hergekommen, um von ihm interviewt zu werden. Nein, hat er gesagt, er mache kein Interview. Wissen Sie, wir können nicht auf jeden Furz des Schauspielhauses eingehen.

Er hat dann einen saustarken Verriss über den *Erfinder* geschrieben.

Ich erinnere mich genau an die Szene mit Bachmann. Ich habe mich gewundert, dass er eigens herkam, um mich zu beleidigen. Und ich habe gedacht: Wart nur, das zahle ich dir zurück. Was ich hiermit tue.

Die deutsche Erstaufführung des *Erfinders* fand übrigens in Dortmund statt. Der Sender Freies Berlin hat davon ein Hörspiel gemacht. Kurt Gloor hat die Geschichte verfilmt, mit Bruno Ganz in der Hauptrolle. Ist das ein Furz?

Basel, 26. 12. 2000

Ich bin heute Morgen bei Neudorf im Elsass den Rhein entlanggegangen und habe den Enten zugeschaut. Dann habe ich mich zum Kaffee in den Kanal-Mayer gesetzt, der so heißt, weil er an einem Kanal steht. Die Wirtin Simone, die vor kurzem ihren Mann verloren hat, sagte mir, sie werde die Wirtschaft aufgeben.

Im Kanal-Mayer trafen wir uns über Jahre jeden Sonntagabend mit Freunden zum Essen. Einige der schönsten Erinnerungen, die ich habe. Das stille Wasser des Kanals, das Wegkreuz jenseits der Straße. Dahinter die Hochhäuser Basels. Und ein gedeckter Tisch.

Gestern Abend habe ich mit meinen Kindern samt Anhang Weihnachten gefeiert. Als die Kerzen brannten, hat mein Sohn *Stille Nacht* angestimmt. Ich habe gleich abgewinkt.

Gegen elf habe ich mich noch zu Jost Meier in eine Beiz gesetzt. Dort ist es mir besser gegangen.

Heute Morgen habe ich alles abgeräumt, Baum und Krippe, das Geschirr gewaschen und die leeren Flaschen zur Sammelstelle gebracht.

In Todtnauberg oben haben sie ein Krippenspiel aufgeführt. Offenbar waren sie nicht zufrieden mit dem Text. Die junge Engel-Wirtin hat mich gefragt, ob ich für nächstes Jahr nicht ein Todtnauberger Krippenspiel schreiben wolle. Das finde ich eine entzückende Idee.

Soeben hat mich Dieter Forte angerufen und frohe Festtage gewünscht. Er wohnt fünf Minuten von mir entfernt, aber wir sehen uns selten. Er geht kaum mehr aus dem Haus. Wir rufen uns vielleicht zweimal pro Jahr an. Dann reden wir eine halbe Stunde zusammen und sind uns einig.

Basel, 27. 12. 2000

Ich habe das Krippenspiel fertig geschrieben. Eine traumhaft schöne Geschichte, obschon es eine Männergeschichte ist. Das Jesuskind, die Hirten, die Weisen aus dem Morgenland. Über allem der Herr. Aber im Zentrum steht eben doch die Maria.

Basel, 29. 12. 2000

Vor rund drei Monaten bin ich mit dem Regisseur Louis Naef im Entlebuch gewesen, um einen Schauplatz für unser Stück über den Bauernkrieg von 1653 zu suchen. Wir sind zu einer Kapelle hochgefahren, die auf einem Berg über dem Tal steht. Von dort aus sieht man Richtung Nordosten ins Napfgebiet hinein, auf Berge, Wiesen und Wälder. Eine verwunschene Landschaft, noch nicht ganz alpin, mit schönen, runden Formen.

Jetzt bin ich soeben von Luzern zurückgekommen, wo ich mit Louis Naef geredet habe. Er hat vor, mitten in diese Landschaft, gleich neben die Kapelle, eine Tribüne mit sechshundert Plätzen hinzustellen. Ich habe ihm gesagt, er werde wohl langsam größenwahnsinnig. Was ihn gefreut hat.

Ich stelle mir diese Tribüne vor mit dem Publikum. Es schaut in die Landschaft hinein, die zu Beginn noch von der Abendsonne beschienen wird, dann langsam eindunkelt und schwarz wird. Und das Herz lacht mir im Leibe.

Jetzt muss ich nur noch das Stück schreiben.

Ich lese in Safranskis Buch folgendes fürchterliche Nietzsche-Zitat: »Damit es einen breiten, tiefen und ergiebigen Erdboden für eine Kunstentwicklung gebe, muss die ungeheure Mehrzahl im Dienste einer Minderzahl, über das Maaß ihrer individuellen Bedürftigkeit hinaus, der Lebensnoth sklavisch unterworfen sein.«

Safranski schreibt dazu: »Er (Nietzsche) ist gegen die Arbeitszeitverkürzung – in Basel von 12 auf 11 Stunden pro Tag; er ist für Kinderarbeit, in Basel waren ab 12 Jahren 10–11 Stunden am Tag erlaubt; er ist gegen Bildungsvereine für Arbeiter. Allerdings soll man, so meint er, die Grausamkeiten nicht zu weit treiben: dem Arbeiter muss es immerhin erträglich gehen, ›damit er und seine Nachkommen gut auch für unsere Nachkommen arbeiten‹.«

Nietzsche hat damals, als er das geschrieben hat,

fünf Minuten von meiner Wohnung entfernt gewohnt.

Ich finde diese Zitate deshalb so fürchterlich dumm, weil sie meinen, der Übermensch könne sich gleichsam aus sich selbst heraus gebären, wenn es nur genügend Sklaven gebe, die für ihn arbeiten. Ich selber habe bei diesen Sklaven mehr gelernt als bei den Professoren. Ich lerne noch immer von ihnen, es ist mir wohl bei ihnen. Am meisten habe ich gelernt von den Frauen. Sie sind vermutlich die Untersklaven.

Nietzsche ist manchmal so lächerlich wie eine Marmorimitation aus Tannenholz. Ich denke, er hat die Frauen gefürchtet wie den Teufel.

Es ist jetzt halb zwölf. In einer halben Stunde werden die Glocken das neue Jahr einläuten.

Basel, 2. 1. 2001

Nietzsche: »Werfen wir einen Blick ein Jahrhundert voraus, setzen wir den Fall, dass mein Attentat auf zwei Jahrtausende Widernatur und Menschenschändung gelingt. Jene neue Partei des Lebens, welche die größte aller Aufgaben, die Höherzüchtung der Menschheit in die Hände nimmt, eingerechnet die schonungslose Vernichtung alles Entarteten und Parasitischen, wird jenes Zuviel von Leben auf Erden wieder möglich machen, aus dem auch der dionysische Zustand wieder erwachsen muss.«

Ich weiß schon, dass solche Sätze historisch relativiert zu lesen sind. Nietzsche hat hier gewiss nicht vorausschauend Auschwitz verteidigt. Aber ich frage mich, wie ich mit siebzehn diesem Monstrum auf den Leim kriechen konnte.

Wie will Nietzsche überhaupt die Höherzüchtung der Menschheit bewerkstelligen? Braucht er nicht doch eine Frau dazu?

Basel, 3. 1. 2001

Soeben bin ich im Solbad im Rheinfelden gewesen. Man kann dort unter freiem Himmel im warmen Salzwasser schwimmen, bei Regen und Schneefall. A. und ich waren oft dort. Sie lag gern in diesem Wasser, obschon sie im Grunde wasserscheu war.

Ich habe früh in meiner Kindheit zu widerstehen gelernt. Ich habe widerstanden durch Schweigen und durch Verachtung. Ich habe nicht gelernt zu streiten. Streit war für mich nicht möglich, ich habe nicht gewagt, mich zu wehren.

Die Katastrophe war, dass die Frauen überhaupt nichts zu sagen hatten.

Ich war vermutlich ein seltsames Kind, eigentümlich, für viele fremd. Aber ich war nie böse. Ich habe nicht gelogen, ich war rein wie Wasser. Ich war nicht falsch. Ich war nicht schlecht. Die Männer wollten eine Schlechtigkeit aus mir austreiben, die gar nicht in mir war.

Gut war es auf dem Bauernhof nebenan, bei Niklausens. Das waren liebe Leute, die kleine Buben gernhatten. Gut war es im Kindergarten bei Tante Lisa. Ich habe nie Probleme gehabt mit ihr. Sie hat uns auf wunderschöne Weise die biblischen Geschichten aus dem Alten Testament erzählt. Ich durfte im Krippenspiel den Joseph spielen.

Gut war es auch bei Fräulein Kunz in der Primarschule. Aber bei ihr ist mir das erste Unbegreifliche passiert. Wir mussten einen Aufsatz über das Städtchen schreiben. Ich habe das gern gemacht, ich kannte unser Städtchen gut. Ich habe unter anderem über das Schaufenster des Modegeschäfts Stauffer geschrieben, in dem Damenkleider und Herrenanzüge ausgestellt waren. Ich habe den Fehler gemacht, Stauffer bloß mit einem f zu schreiben.

Als ich den Aufsatz zurückerhielt, habe ich mich gefreut. Ich hatte keinen einzigen Fehler gemacht, außer dem falsch geschriebenen Namen. Fräulein Kunz hatte mit roter Tinte ein f hineingeflickt. Das empfand ich als ungerecht, denn ein richtiger Fehler war das ja nicht. Ich fand das rote f äußerst unschön.

Ich habe also meine Feder ins Tintenfass getaucht und das rote f mit schwarzer Tinte sorgfältig übermalt. Ich habe das mit bestem Gewissen getan und das Heft so abgegeben. Am nächsten Morgen kam Fräulein Kunz mit hochrotem Kopf auf mich zu und hat mich, der ich nichtsahnend dasaß, mit einem heftigen Schlag ins Gesicht vom Stuhl gefegt.

Es war das erste und einzige Mal, dass sie geschlagen hat. Offenbar wollte sie irgendeinen Teufel austreiben aus mir. Ich habe das sogleich begriffen. Ich fand diese Teufelsaustreiberei lächerlich, weil ich ja wusste, dass kein Teufel in mir steckte. Ich habe Fräulein Kunz verachtet.

Ich hatte noch eine zweite Auseinandersetzung der unbegreiflichen Art mit ihr. Sie hat uns in einer Religionsstunde von Jesus erzählt, von seinem schrecklichen Martertod am Kreuz. Das muss wohl ein Irrtum sein, dachte ich, Jesus Christus ist doch ein Gott. Und ein Gott vermag alles, sonst wäre er kein Gott. Also kann er auch so am Kreuz hängen, dass er keine Schmerzen hat.

Ich meldete mich sogleich und sagte mit voller Überzeugung: Aber es hat ihm doch gar nicht weh getan.

Ich sah, dass Fräulein Kunz die Fassung verlor. Ich habe darüber gestaunt. Sie hätte um ein Haar wieder dreingeschlagen, ließ es aber bleiben, sie dachte wohl, in einer Religionsstunde seien Schläge unpassend.

Sie hat mir dann mit hochrotem Kopf verboten, je wieder so etwas zu sagen. Sie hat mir jedoch nicht gesagt, warum.

Sie hätte mir, und uns allen, auch erklären können, warum meine Überlegung falsch war. Sie hätte uns so das Christentum erklären können, dessen Kern vermutlich gerade darin besteht, dass Gottes Sohn Mensch geworden ist und Todesqualen gelitten hat. Aber das wollte oder konnte sie nicht.

Das scheinen zwei unbedeutende Anekdoten zu sein, wie sie wohl alle aus ihrer Jugend zu erzählen haben. Für mich indessen waren diese beiden Erfahrungen von entscheidender Bedeutung. Selbst mit dem lieben, sanften Fräulein Kunz kann man nicht reden, dachte ich. Selbst die würgt jede Diskussion ab und schlägt zu.

Ich habe mich nicht mehr zu Wort gemeldet, in der Bezirksschule nicht, im Gymnasium nicht und auf der Universität nicht. Ich habe mir bloß meine Sache gedacht.

Nur einmal, am Mittagstisch zu Hause, habe ich das Wort ergriffen. Ich war damals um die sechzehn Jahre alt, schon groß und stark. Es saßen da meine Mutter, meine Schwester, mein Vater und ich. Vater hatte wieder einmal schlechte Laune. Er schimpfte über meine Schwester, dann über meine Mutter. Ich sagte ganz schnell, denn ich wusste, dass ich wenig Zeit hatte: Ich bin nichts wert, meine Schwester ist nichts wert, meine Mutter ist auch nichts wert, nur du bist gut.

Kaum war ich fertig, hatte ich Vaters Hand im Gesicht, wieder einmal mitten auf der Nase. Aber diesen Schlag ertrug ich mit Fassung.

Er hat dann aufgehört, mich zu prügeln. Vermutlich, weil er geahnt hat, dass ich ihn eines Tages krankenhausreif geschlagen hätte.

Ich erinnere mich an eine Szene im Band *Stoffe* I–III von Dürrenmatt. Er erzählt, wie er das Verhältnis zwischen sich und seinem Vater geregelt hat: »Als ich einmal gegen zwei Uhr nachts allein heimkehrte (…), waren meine Eltern noch auf; mein Vater im Nachthemd machte mir eine Szene, sprach von Unsittlichkeit. Er kam mir wie ein ungeheurer Narr vor, er tobte weiter, griff mich an, ich warf ihn gegen die Wand. Mein Vater schwieg, ich ging auf mein Zimmer, über die Szene wurde niemals mehr ein Wort verloren, sie war wie nie geschehen.«

Als mein Freund Peter Stöckli 1966 ein Bändchen meiner ersten Geschichten und Gedichte in fünfzig handnummerierten Exemplaren herausgab, habe ich eines meinem Vater geschenkt. Ich war damals 28 Jahre alt und Dr. phil. I. Mein Vater hat eine weinerliche Schnute gezogen und gesagt: Warum gibst du mir das? Du weißt doch, dass es mich nicht freut.

Immerhin ist er 1972 nach Zürich ins Schauspielhaus gefahren, um die Aufführung meines *Sennentuntschis* zu besuchen, nicht zur Premiere zwar, aber immerhin. Er hat anerkennend gesagt: Das ist Theater!

Ich bin der Meinung, dass keine Generation von ihren Erziehern so sehr im Stich gelassen wurde wie die unsere. Das lag daran, dass der Zweite Weltkrieg die geistig-kulturelle Entwicklung der Schweiz nicht nur eingefroren, sondern um zwei, drei Jahrzehnte zurückgeworfen hatte. Unsere Erzieher fühlten sich als Sieger gegen Unrecht und Faschismus. Jetzt galt es, auch den Kommunismus zu besiegen. Sie hatten sich so sehr eingerichtet in der Abwehr gegen außen, dass sie gar nicht mehr zur Kenntnis nahmen, was innerhalb des eigenen Landes geschah. Die Schweiz war zur Festung geworden. Es galten die rigiden Regeln der Hierarchie, wie sie in jeder Festung gelten.

Erst 1968 hat sich die Jugend zu Wort gemeldet, und zwar so, dass sie weder zu übersehen noch zu überhören war. Damals merkten die alten Erzieher, dass sie zwar eine hochgerüstete Armee gegen den äußeren Feind hatten, aber zu wenig Polizei gegen den inneren Feind, die Jugend. Sie haben dann sehr schnell auch die Polizei aufgerüstet.

Ich habe alle Schulen durchlaufen und die verlangten Examina bestanden. Nur Offizier der Schweizer Armee bin ich nicht geworden, das wollte ich ums Verrecken nicht. Immerhin das habe ich geschafft, ich bin nicht einmal Korporal geworden.

Ich weiß noch, wie ich im Seminar saß und Karl Jaspers dozieren hörte, klug und provokativ. Ich war voller Fragen. Aber ich habe mich nie gemeldet und eine Frage gestellt. Lieber wäre ich im Erdboden versunken. Meinen Kommilitonen ging es genauso. Ich bin sicher, dass sich der alte Professor über Fragen gefreut hätte.

Ich habe im Oberseminar bei Walter Muschg gesessen. Einmal hat er eines der wunderbarsten Gedichte deutscher Sprache, Goethes *Dämmrung senkte sich von oben*, als manieriertes Machwerk bezeichnet. Niemand von uns Doktoranden hat widersprochen.

Unsere Meinung war schlicht nicht gefragt, von allem Anfang, von früher Kindheit an. Dieses Nichtgefragtsein haben wir verinnerlicht, jedenfalls ich. Das ging so weit, dass ich auch, wenn ich gefragt wurde, keine Antwort mehr geben konnte. Ich fing sogleich an zu stottern.

Ich konnte selbst mit A. nur sehr schwer reden. Sie hat mich oft provoziert mit frechen, verletzenden Sätzen, sie suchte unerbittlich das Gespräch. Ich stotterte ein wenig, und dann fing ich an zu weinen.

Basel, 4. 1. 2001

Schon früh habe ich mir eine Gegenwelt aufgebaut, in die ich mich zurückzog. Das erste dieser Verstecke war der Bach, der unweit unseres Hauses vorbeifloss. Ein altes Gewässer, das ein Stück weit frei seinen Lauf wählen konnte, mit Schlammbänken, Forellen, Egeln und Ratten. Eine gefährliche Wildnis, in der ich mich mit vorsichtiger Neugier behauptet habe. Ich bin mehrmals hineingefallen, auch dort, wo das Wasser tief war. Ich wusste, dass das gefährlich war, ich konnte noch nicht schwimmen. Aber Angst habe ich nie gehabt vor dem Wasser. Wenn ich dann weinend heimrannte, mit schlechtem Gewissen, weil ich mich entgegen meinem Versprechen in Gefahr begeben hatte, hat meine Mutter ein warmes Bad eingelassen und mich hineingesteckt. Ich fand das unnötig, habe aber ihre Fürsorge genossen. Sie hat mich nie dem Vater verraten.

Ich bin noch heute gern am und im Wasser. Es ist für mich das tröstende Element, das mich umschließt und erhält. Ich fühle mich getragen darin.

Später, während meiner Psychoanalyse, habe ich dutzendfach Wasserträume gehabt. Erst war es trübes Wasser, schmutzig und fiebrig, leblos und abstoßend. Dann, mit zunehmender Genesung, wurde es heller, und es schwammen Fische darin. Einmal habe ich von einer knallorangen Boa geträumt, die im seichten Uferwasser lag, einen Kreis bildend und mit dem Maul das eigene Schwanzende aufnehmend. Ein archetypisches Bild wohl, dessen Schönheit mir noch heute vor Augen steht.

Mein zweites Versteck waren die Bücher. Ich habe mich schon in Bücher vertieft, als ich noch nicht lesen konnte. Ich habe die Globi-Zeichnungen ausgemalt. Da mein Vater mich zu erziehen gedachte, hat er anfangs über meine Lektüre gewacht. Ich erinnere mich an einen Band läppischer Tierfabeln lehrreichen Charakters, den er mir geschenkt hat. Diese Fabeln habe ich nicht gelesen.

Einmal habe ich mir zu Weihnachten Zinnsoldaten gewünscht. Schießende Infanteristen, Sturmsoldaten mit Handgranaten und so weiter. Unter dem Weihnachtsbaum lag dann eine Militärmusik mit Trompeten und Posaunen.

Vermutlich hielt Vater uns Kinder für dumm.

Zum Glück gab es die großartige Elisabeth Müller, die habe ich mehrmals gelesen. Später Karl May, den genialen Pubertäts-Phantasten. Kathrene Pinkerton mit der Jugenderotik aus dem kanadischen Busch.

Der Mutter zuliebe habe ich die *Turnachkinder im Sommer* und die *Turnachkinder im Winter* gelesen, fand diese Bücher aber ziemlich fade. Auch hat sie mir einen Wälzer mit dem Titel *Heimatlos* geschenkt, das sei ihr Lieblingsbuch gewesen. Ich erinnere mich an blonde, langlockige Jünglinge, die darin auf Wanderschaft gingen. Ich hätte gerne ebenfalls mein Bündel gepackt, um auf Wanderschaft zu gehen. Davon konnte aber keine Rede sein. Auch von langen Locken nicht. Mein Bruder und ich wurden stets millimeterkurz geschoren.

Es gab damals fast kein Angebot für Kinder und Jugendliche. Es gab keine Jugendkultur. Wir liefen herum als kleine Erwachsene.

Irgendwann einmal ist mir die *Rote Zora* von Kurt Held unter die Augen gekommen. Dieses Buch war neu, das habe ich gleich gemerkt: dass sich die Kinder wehren gegen die Idiotie der Alten, dass sich die armen Leute gegen die Reichen wehren. Es war wohl das erste erhellende Buch, das ich gelesen habe.

Ich war indessen nicht wählerisch damals, ich habe auch schlechte Bücher gelesen, wenn sie mich bloß nicht mit Moral langweilten. Gegen diese Moral war ich schon sehr früh allergisch, weil sie mir im Übermaß eingeflößt worden war.

Ich las die Novellen von Gottfried Keller und von C.F. Meyer, *Don Quijote* von Cervantes. *La Nausée* von Sartre war wohl das erste französische Buch, das ich las. Ich begriff wenig, hielt aber durch, weil ich ahnte, dass Sartre im Grunde verboten war. Das Büchlein, das mich am meisten getröstet hat, war *Dämmerklee* von Alexander Xaver Gwerder.

Einmal habe ich innerhalb weniger Wochen sämtliche Dramen von Shakespeare gelesen, ich hatte sie von Tante Hanna erhalten. Es waren die romantischen Übersetzungen. Verstanden habe ich nicht viel, es war wie ein Rausch.

Dann kam die Hesse- und Rilke-Zeit. Ihrem kitschigen Ton bin ich sofort erlegen. Heute wird mir übel, wenn ich eine Zeile von ihnen höre.

Das Problem war nicht, dass ich faul oder uninteressiert gewesen wäre. Das Problem war, dass die Bücher, die ich eigentlich hätte lesen sollen, weil sie für mich geschrieben waren, nicht vorhanden waren. Und zwar nicht, weil die Lehrer mir diese Bücher vorenthalten hätten. Sondern weil die Lehrer diese Bücher nicht kannten.

Immerhin habe ich gelesen, unentwegt. Ich habe begriffen, dass Buchstaben wunderbare Zeichen sind, weil sie Geschichten erzählen, gegen die kein Erzieher ankommt. Sehr heimlich wuchs in mir der Wunsch, selber auch Geschichten zu erzählen.

Ein Versteck war auch das Spiel mit dem Ball. Ich habe stundenlang einen schwarzen Gummiball, den mir Mutter geschenkt hatte, gegen die Hausmauer geworfen. Mit linkem Drall, mit rechtem Drall, ich wusste genau, wie der Drall die Flugbahn veränderte. Auf dem Schulweg, der eine halbe Stunde dauerte, habe ich mit einem Tennisball gespielt, habe ihn bei jedem Schritt aufhüpfen lassen. Mit einem Ball habe ich mich nie allein gefühlt.

Auch Fußball habe ich leidenschaftlich gespielt. Erst mit einem Tennisball auf der gekiesten Straße, was sehr schwierig war, der Ball war zu klein und der Kies zu grob. Erbitterte Schlachten unter Buben, stets hatte man aufgeschlagene Knie. Später haben wir an ›Grümpelturnieren‹ teilgenommen und ab und zu eines gewonnen.

Der Ball hat mich davor bewahrt, zum richtigen Außenseiter zu werden. Ein Außenseiter war ich zwar immer, worauf schon mein Übername Böckel hinweist. Aber in der Mannschaft hat man mich gebraucht.

Ich war wohl stets ein Sonderling. Aber ich habe mich in die Gesellschaft zurückgespielt, weil ich den Ball liebte. Ich liebe ihn noch heute. Ich trete noch immer mit aller Kraft in die Luft, wenn im Fernsehen ein Spieler aufs Tor schießt.

Ein besonders schönes Versteck war meine Jugendfreundin. Sie hat, wie ich, die Kantonsschule besucht. Am Maienzug, so hieß das jährliche Sommerfest, haben wir bis lange nach Mitternacht getanzt, sind dann an die Aare hinuntergegangen und haben uns ans Wasser gesetzt. Wir haben zugeschaut, wie die Dämmerung einsetzte, wie der Himmel hell wurde und der Fluss aufglänzte. Wir haben einer Ente zugehört, die im Schilf herumschwamm, wir haben den Amseln gelauscht. Ganz langsam haben sich unsere Köpfe aufeinander zubewegt, bis sich unsere Wangen berührten. So sind wir geblieben, bis die Sonne aufging.

Sie hat mir geholfen, den Tod meiner Mutter zu überleben. Kurz vor der Beerdigung habe ich ihr geschrieben, sie solle bitte nicht in die Kirche kommen. Ich wollte nicht, dass mein Vater sie sah.

Einmal hat mein Freund, dessen Vater aus dem Tessin stammte, bei sich zu Hause ein Fest gemacht, an dem ich mit meiner Freundin teilnahm. Kurz vor Mitternacht habe ich sie zum Bahnhof begleitet. Wir kamen zu spät, der Zug war schon weggefahren. Ich habe sie wieder zu meinem Freund gebracht und bin heimgegangen. Er hat mit ihr geredet, bis der erste Zug fuhr. Ich habe mich nicht getraut, sie zu mir nach Hause zu nehmen oder sie wenigstens zu Fuß heimzubegleiten. Schande meiner Asche.

Einige Monate nach dem Tod meiner Mutter haben wir uns getrennt. Sie war wohl der Meinung, ich liebte sie nicht mehr.

Ich habe seit einigen Jahren wieder losen Kontakt zu ihr. Vor ein paar Wochen hat sie mich aus dem Krankenhaus angerufen und von ihrer schlimmen Diagnose erzählt. Ich habe ihr Mut zugesprochen und ihr eine gute Nacht gewünscht. Einige Tage später hat sie wieder angerufen und gesagt, sie habe in jener Nacht eine Herzattacke gehabt. Sie war der Meinung, dass ich ihr mit unserem kurzen Telefongespräch geholfen habe, die Herzattacke zu überstehen. Was ich ohne weiteres für möglich halte.

Basel, 5. 1. 2001
Von besonderer Heimlichkeit war das musikalische Versteck, das ich mit fünfzehn kennenlernte, der Jazz. Ich hatte bis anhin nur klassische Musik, Ländler, Märsche und Schlager gehört. Ich selber habe ein bisschen Klavier spielen gelernt, wie das in Lehrerfamilien der Brauch war, und klimperte lustlos Mozarts Sonatinen. Bis ich eines Tages im Radio die Trompete von Louis Armstrong hörte, das Negerbegräbnis. Das war wie ein Schock, vom ersten Ton an. Ich war gleich infiziert.

In der letzten Bezirksschulklasse war einer, der

Jakob hieß und am Weißberg drüben im ersten Stock eines Bauernhauses wohnte. Er saß jeweils auf der Ofenkunst, wenn ich ihn besuchte, und ließ das Grammophon laufen, während seine Mutter am Tisch Gemüse rüstete. Er hat mich nach Olten zu den Matinées mitgenommen, die am Sonntagmorgen im Terminus stattfanden. Olten war damals das Zentrum des Schweizer Jazz, in Olten wohnten der Trompeter Umberto Arlatti und der Posaunist Willy Kuhn.

Später hat mir Jakob erzählt, er nehme jetzt bei Arlatti Trompetenunterricht. Wenn ich ihn besuchte, hatte er eine Trompete neben sich auf dem Ofen liegen. Er hat mir nie etwas vorgespielt, er hat gesagt, es sei schwierig, den Ansatz zu finden.

Da ich dann ans Gymnasium ging und er in die Fabrik, haben wir uns aus den Augen verloren. Er ist in relativ jungen Jahren gestorben.

Ich lebte damals in einer Mansarde unter dem Dach unseres Hauses. Neben meinem Bett lag ein Grammophon, das mir meine Schwester geschenkt hatte. Jeden Abend vor dem Einschlafen hörte ich Musik. Erst Parker und Gillespie, dann Chet Baker, Clifford Brown, Sonny Rollins, Cannonball Adderley. Diese Musik hat mich zu mir selbst geführt, so dass ich ruhig wurde und einschlafen konnte. Einfach deshalb, weil ich mich von ihr verstanden und aufgenommen fühlte.

Hinzu kam, dass diese Musik Sache weniger Auserwählter war. Sie war ganz und gar nicht mehrheitsfähig. Als Parker-Fan gehörte man zu einer Geheimloge, deren Mitglieder geheime Rohrpost austauschten. Ich tat das mit meinem Klassenkameraden Heinz Erni, der später klassischer Konzertpianist wurde.

Zu den Matinées in Olten kamen jeweils zwei Dutzend Leute, die Mädchen mit Bubiköpfen oder Simpelfransen, die Burschen in engen Röhrenhosen. Wenn ich mich richtig erinnere, war der Eintritt gratis.

Selbstverständlich hat mir der Vater das Hören von Jazz verboten, er hat es zumindest versucht. Das sei nichts anderes als organisierter Lärm. Aber er hat sich nicht mehr getraut, in meine Mansarde hochzukommen und mich anzuschreien. Er hat wohl gespürt, dass ich gegen sein Schreien immun geworden war.

Ich höre seit Jahren keinen Jazz mehr. Ich habe nicht einmal mehr ein Grammophon. Die alten Platten habe ich noch, sie liegen zuunterst im Schrank. Wenn ich sie sehe, denke ich, dass ich sie mir eigentlich wieder einmal anhören könnte.

Hin und wieder treffe ich Männer in meinem Alter, die auch Jazzfans waren. Wir fachsimpeln dann ein bisschen, es ist angenehme Nostalgie. Es sind ein paar Schriftsteller darunter, die wie ich aus dem Jazz die Hoffnung und den Mut zum Leben und zum Schreiben bezogen haben.

Vor einiger Zeit bin ich beim Jazzpapst Peter Rüedi im Tessin gewesen. Er hat eine Filmaufnahme mit Billie Holiday, Gerry Mulligan und Lester Young laufen lassen. Es war zum Heulen schön.

Basel, 6. 1. 2001

Ich habe in der *Basler Zeitung* ein Interview mit dem Intendanten des Theaters Basel gelesen.

Ich gehe schon über zehn Jahre nicht mehr freiwillig ins Theater. Ich gehe nur noch, wenn ich muss, weil etwas von mir gespielt wird. Was selten vorkommt.

Ich ertrage es nicht mehr, wie ernst sich die heutigen Theaterleute nehmen. Sie stellen den Anspruch an sich, mit ihrer Schauspielkunst die Welt aus den Angeln zu heben. Wenn ich das sehe, muss ich lachen.

Ich arbeite, von wenigen Ausnahmen abgesehen, nur noch fürs Landschaftstheater, für Louis Naef und Liliana Heimberg. Vor allem für Laienspieler also. Dort geht es angenehm normal zu. Und die Zuschauer wollen das sehen.

Eben bin ich erwacht, es ist 1 Uhr 30. Ich habe folgenden Traum gehabt:

Ich war in unserem Haus im Elsass, es war Nacht. Im Ofen brannte noch Feuer. A. lag im Bett und schlief. Es herrschte zwar ein Durcheinander im Haus, aber leicht behebbar. Eine schöne Tigerkatze kam herein, ich habe sie auf A.s Bett gelegt.

Als ich erwachte, habe ich gemeint, ich sei tatsächlich im Elsass. Jetzt sitze ich in der Küche, schreibe den Traum auf und rauche.

Ein schöner Traum. Der erste ausschließlich schöne Traum seit Jahren.

A. und ich haben ein Bauernhaus im nahen Elsass gehabt, eine gute Autoviertelstunde von Basel entfernt. Ein alter Riegelbau mit Ofenkunst, Stall und Scheune. Nach ihrem Tod habe ich nur noch einmal darin übernachtet, zusammen mit meinem Sohn. Vor einem knappen Jahr habe ich das Haus verkauft.

Ich besitze jetzt noch ein Haus mit zwei Garagen und zwei Zimmern in Carona, im Tessin. Ich fahre nicht mehr hin. Ich habe die Möbel aus dem Elsass in die beiden Garagen gestellt.

A. hat gewünscht, ich solle die Urne mit ihrer Asche nach Carona bringen. Ich habe es noch nicht getan.

Ich lebe teils in Todtnauberg, teils in Basel. Ich habe keine Lust zu verreisen. Ich bewege mich bloß noch auf meiner Trauerfährte. Ich schreibe nur noch.

Ich kann A.s Tod nicht verarbeiten. Verarbeiten, welch dummes Wort. Als ob man den Tod verarbeiten könnte.

Immerhin kann ich über diesen Tod schreiben. Ich kann versuchen aufzuschreiben, wie ich bis zu diesem Tod gelebt habe, wie ich nach diesem Tod gelebt habe und immer noch lebe.

Oft habe ich mich versteckt im Alkohol. Der Alkohol ist ein verführerisches Versteck. Man kann sich im Alkohol vor sich selber verstecken.

Der Alkohol ist bei Schriftstellern (nicht bei Schriftstellerinnen) meiner Generation ein beliebtes Versteck. Ich kenne eine ganze Reihe von guten Schriftstellern, die sich oft darin aufhielten und immer noch aufhalten. Ich kenne auch einige Kollegen, die darin umgekommen sind.

Ich habe einmal bei Brecht (im Arbeitsjournal) gelesen, Alkohol sei nichts für Schriftsteller. Er konnte das sagen, weil er Marxist war. Er hat sich im Marxismus versteckt.

Einmal, als ich meine Rotweinzeit hatte und bis in alle Nacht am Küchentisch saß, ist A. hereingekommen und hat mich sanft auf den Nacken geküsst. Ich erinnere mich genau an die Sanftheit ihrer Lippen. Ich denke, dass ich dieser Lippen wegen nicht zum Alkoholiker geworden bin.

In meiner Jugend hat niemand um mich herum übermäßig Bier oder Wein getrunken. Höchstens an Festtagen wurde eine Flasche geöffnet, und nach dem ersten Glas hatten die Frauen gerötete Gesichter. Es war klar, dass es unseriös gewesen wäre, sich in eine Wirtschaft zu setzen und eine Flasche Wein zu trinken.

Selbstverständlich habe ich bei der ersten Gelegenheit, es war auf einem Schulausflug, ein Bier bestellt und zum Erstaunen meiner Kameraden gleich ausgetrunken.

Auch Rauchen war verboten. Selbstverständlich habe ich bei der ersten Gelegenheit Zigaretten gekauft, eine angesteckt und den Rauch, wie ich es gehört hatte, tief in die Lunge gezogen. Ich weiß noch, dass ich fast umgefallen wäre, so heftig war der Hieb des Giftes. Aber ich hielt durch, bis sich die Lunge an den ätzenden Rauch gewöhnt hatte.

Ähnlich war es A. gegangen. Sie kam aus einer neu-apostolischen Familie, die den weltlichen Freuden abschwor und sich auf die bevorstehende Entrückung in ein seliges Jenseits vorbereitete. Sie hat schon mit sechzehn regelmäßig geraucht.

Da Tanzen verboten war, hat sich A. am Samstagabend um zehn ins Bett gelegt. Wenn ihr Vater kurz darauf in ihr Zimmer kam, um ihr gute Nacht zu wünschen, hat sie etwas gemurmelt, als würde sie bereits schlafen. Dann ist sie leise aus dem Fenster geklettert und in den Stadtsaal tanzen gegangen.

Das hätte ich mich nie getraut. Vaters Zugriff war so unerbittlich, dass ich seine Verbote verinnerlicht habe. Es blieb der Ausweg in die Sucht. Dazu brauchte es keinen Mut, keinen Selbstbehauptungswillen. Es genügte der Wille zur Selbstzerstörung.

Die Raucherei habe ich einigermaßen im Griff gehabt. Im Gegensatz zu A. Sie konnte nicht aufhören damit. Ich selber habe vor Jahren, als ich merkte, dass ich es nicht mehr ertrug, für fünf Jahre aufgehört damit. Dann habe ich wieder angefangen.

Basel, 10. I. 2001

Mein Hauptversteck war und ist das Schreiben. Ich habe mich diesem Versteck mit größter Scheu genähert. Ich habe zwar schon früh begriffen, dass Literatur das Gebiet war, auf dem ich arbeiten wollte. Ich habe das bei der Lektüre meiner Lieblingsbücher gemerkt, an der Verzauberung, die von diesen Büchern ausging. Aber dass ich einmal selber Literatur herstellen könnte, habe ich nicht geglaubt. In dieser Beziehung war ich mutlos. Ich habe gedacht, ich würde einmal Deutschlehrer werden, obschon mir diese Vorstellung ein Greuel war.

Es gab in meiner Umgebung weit und breit niemanden, der schrieb. Außer dem Fräulein Staub. Die war Primarlehrerin und hat Verse für Kinder gemacht.

Literatur bedeutete für mich von Anfang an Widerstand. Widerstand gegen die Realität, wie sie war, Widerstand gegen die Erzieher, Widerstand gegen den Tod. Ich habe es nicht für möglich gehalten, dass ich selber einmal ein Widerständler werden könnte.

Für die Aufsätze, die ich schrieb, habe ich im Gymnasium nur durchschnittliche Noten erhalten. Was mich nicht gestört hat. Ich wollte gar nicht so schreiben, dass es dem Deutschlehrer gefallen hätte. Ich wollte so schreiben, wie ich schreiben wollte. Das habe ich getan.

Als ich mich mit 22 in ein Mädchen verliebte, das mich eine Nacht lang verküsste, dann aber nicht mehr haben wollte, bin ich nach Paris gefahren. Ich habe mich in die Bistros gesetzt und pausenlos Gedichte geschrieben, Lyrik als Erotikersatz. Außerdem habe ich ein kurzes Theaterstück mit dem Titel *Tod eines Bankiers* verfasst, das ich ein paar Monate später bei einem Dramenwettbewerb einschickte. Ich erhielt die Antwort, mein Stück sei im ersten Drittel gelandet. Gesiegt hat Urs Troller, dessen Erstling *Die Geier* von Werner Düggelin am Zürcher Schauspielhaus uraufgeführt und hasserfüllt verrissen wurde. Mir hat die Aufführung gut gefallen.

Zu Beginn meines Stücks steigt ein Mörder durch das Fenster ins Büro eines Bankiers. Er hat eine Pistole bei sich und erklärt dem Bankier, wie die Waffe funktioniert. Man kann mit ihr einen Menschen so erschießen, dass keine Schusswunde zurückbleibt. Der Bankier hört mit Interesse zu und fragt, ob er das Patent käuflich erwerben könne. Zu spät, sagt der Mörder, und drückt ab.

An diesen Anfang erinnere ich mich noch, weil ich enorm stolz darauf war. Vom Rest des Stücks weiß ich nichts mehr.

Damals in Paris habe ich mich zum ersten Mal frei gefühlt. Ich war den ganzen Tag unterwegs in den Gassen. Wenn mir etwas einfiel, habe ich mich in ein Bistro gesetzt, Kaffee bestellt und losgeschrieben. Niemand drehte den Kopf nach mir. Es gab im Quartier Latin schreibende Jünglinge zuhauf.

In Basel hat sich dann wieder die bleierne Schwere der helvetischen Passivität auf mich gelegt. Bis ich A. kennenlernte. Für sie habe ich wieder Gedichte gemacht. Sie gefallen mir noch heute.

> Der Schnee ist da
> obschon ich dich liebe.
>
> Die Tannen sind schwarz
> seitdem ich dich liebe.
>
> Die Sonne geht unter
> weil ich dich liebe.

Oder zum Beispiel:

> Du
> ich kann deine Augen
> nicht mehr sehen.
>
> Höre der Amsel zu
> und gib mir die Hand.

Diese Verse waren nicht mehr Kitsch. Sie waren schon hart an der Realität. Ich war damals 25.

Mit diesen Gedichten habe ich an einem Wettbewerb teilgenommen. Ohne jeden Erfolg. Ich weiß noch, dass Felix Philipp Ingold prämiert wurde. Was mich sehr geärgert hat.

Mit 28 habe ich eine Traumanalyse angefangen. Sie dauerte rund anderthalb Jahre. Ich hatte ein Heft neben meinem Bett liegen. Nach jedem Traum bin ich erwacht, habe kurz das Licht angeknipst und den Traum stichwortartig notiert. Man kann sich das ohne weiteres antrainieren. Man darf bloß keinen Alkohol trinken.

Ich habe damals gemerkt, dass ich eine Geschichte habe, dass mein Leben eine Geschichte ist. Alles, was ich vergessen hatte, ist mir wieder eingefallen und hat mich überflutet. Ich habe gestaunt, ich bin aufgeblüht. Ich habe meine Lebensgeschichte auf etwa zwanzig Seiten aufgeschrieben. Sie sind der Urtext meiner Literatur.

Meine ersten Texte habe ich an einige Verlage geschickt. Von Arche habe ich immerhin die Antwort erhalten, sie seien nicht einmal in der Lage, diejenigen Texte zu lesen, die eventuell für ihren Verlag in Frage kämen. Ich fand das zwar schade. Aber mir hat diese Antwort geholfen, weil sie ehrlich war. Ich habe gemerkt, wie schwierig es sein würde, einen Verlag zu finden.

Sehr wichtig für mein damaliges Leben war der Maler und Poet Dieter Roth. Ich habe ihn in der Rio Bar kennengelernt, als er einen Strauß Rosen, den er eben gekauft hatte, auffraß. Wir haben uns auf Anhieb gemocht. Er hat gleich gemerkt, wer ich war, er hat versucht, mir zu helfen. Ich habe ihm *Leköb* und *Distra* gegeben. Ich bin für einige Tage nach Paris gefahren und habe eine dritte Geschichte geschrieben. Er hat alle drei in 500 nummerierten Exemplaren im Stuttgarter Taucher Verlag herausgebracht. Dies war mein erstes richtig gedrucktes Buch, 1970 erschienen.

Ich habe von Dieter Roth gelernt, dass es eine Lust ist zu spielen. Dass es unlustig ist, sich zu langweilen. Dass es fade ist, sich anzupassen. Dass es widersinnig ist, vor dem Tod Angst zu haben, denn er kommt ohnehin.

Er war der Clown, während sein Kollege Beuys der Priester war. Clowns sind mir immer lieber als Priester.

Dieter Roth hat ein Leben lang gegen die Langeweile gestritten, gegen den Tod. Er hat versucht, gegen die Realität anzutreten, indem er sie verändert hat. Er konnte nichts akzeptieren, wie es war, er hat alles verändert. Selbstverständlich wusste er, dass er am Ende chancenlos war. Die Trauer darüber hat ihn zum Clown gemacht.

Dieter Roth hat sich alle Mühe gegeben, dass er nicht schon zu Lebzeiten ein Klassiker wurde. Das wäre ihm ein entsetzlicher Greuel gewesen, sich selber im Spiegel als Klassiker zu begegnen. Er hat mit größter Sorgfalt alle, die ihn zum Klassiker hätten machen können, beleidigt. Er hat sich bis zuletzt mit Vehemenz unbeliebt gemacht. So ist es ihm gelungen, trotz seines großartigen Werks zeitlebens Außenseiter zu bleiben.

Dieter Roth hat während des Krieges in Hannover traumatische Erlebnisse gehabt. Er hat ein paarmal über die Bombennächte geredet. Da er sein Lager unweit unserer Wohnung hatte, klingelte er manchmal abends bei uns, wenn ihn die Depression zu packen drohte, er die Einsamkeit nicht mehr aushielt. Er setzte sich an unseren Küchentisch, aß zwei, drei Kartoffeln und trank eine Flasche Wein. Man musste ihn trösten wie einen verschreckten Hund.

Er war einer der ganz wenigen Menschen in meinem Leben, bei dem ich mich keinen Augenblick gelangweilt habe.

Basel, 15. 1. 2001

Hier in Basel rauche ich zu viel und saufe zu viel. Gestern Abend zum Beispiel bin ich um 20 Uhr in die Kunsthalle gefahren und habe mich an den Stammtisch gesetzt. Gute Gespräche, Gelächter, ein paar Biere. Kurz vor Mitternacht habe ich ein Taxi zurück in mein Viertel genommen. Da eine Nachtbeiz noch offen hatte, ging ich hinein. Ich saß bei

Leuten, die fast immer dort sitzen, bis tief in die Nacht. Dann gehen sie meist noch zu jemandem nach Hause.

Gestern gingen wir anschließend zu einem älteren Maler. Er bewohnt zusammen mit seiner Freundin und einer Katze eine Zweizimmerwohnung, die auf eine stark befahrene Straße hinausgeht. Ich würde es in dieser Wohnung keine Woche aushalten, so lärmig ist sie.

Der Maler ist ein großer Sammler, er sammelt seltene Bücher und allerlei skurriles Zeug. Das hat er alles in seiner Wohnung gestapelt. Dazwischen stehen ein paar der wunderbar zarten Plastiken aus Eisenfäden, die er früher gemacht hat.

Wir setzten uns an seinen Tisch und tranken billigen Rotwein. Er hat von früher erzählt, von der guten, alten Zeit. Zwischendurch hat er hemmungslos geweint.

Heute Morgen Waldspaziergang, Kaffee in der Wirtschaft Spitzwald, dann Sauna.

Basel, 16. 1. 2001

A. hat mich so selbstverständlich geliebt, dass ich ihr nicht widerstehen konnte. Sie hat unsere Familie aufgebaut, so dass ich nicht mehr allein war. Das war zuerst ein Schock für mich, ich habe mir nicht vorstellen können, nicht mehr allein zu sein. Sie hat ein Stöckli im Emmental gemietet und später im Elsass ein Haus gekauft. Und plötzlich war ich nicht nur nicht mehr allein, ich hatte sogar eine Heimat. Ich habe mich gegen dies alles gewehrt, so gut ich konnte. Aber ich konnte es nicht mehr gut. Die Liebe war stärker.

In den Nächten, wenn ich in meiner Basler Wohnung zum Embryo eingerollt im Bett liege, träume ich von diesem Haus. Ich erwache meist gegen drei in der Früh, setze mich in die Küche, rauche eine Zigarette und schreibe den Traum auf. Dann lege ich mich wieder ins Bett und schlafe weiter.

Basel, 17. 1. 2001

Das Haus steht im hügeligen Teil des Elsass, im Sundgau. Man fährt über die Grenze, und schon ist man in einer anderen Welt. Man sieht es an den Häusern, an der weiten Landschaft. Daran, dass man in der Wirtschaft von der Frau, die einem den Kaffee bringt, angestrahlt wird.

Die Dörfer im Sundgau sind klein. Im Zentrum Riegelhäuser, darum herum die neuen Backstein-häuschen der Leute, die als Grenzgänger in Basel arbeiten. Kein Wohnblock, keine Fabrik. Die Ställe stehen leer, die Bauern pflanzen Mais an. Das Wasser wäre wegen des zu hohen Stickstoffgehalts eigentlich nicht mehr trinkbar. Die Leute trinken es trotzdem.

Es gibt keinen Lebensmittelladen, keine Bäckerei, keine Metzgerei. Zweimal pro Woche fährt ein Lieferwagen heran und hupt dreimal. Dort kann man Schinken, Milch und Brot kaufen.

Zum Haus gehört ein Stück Wiese, auf dem allerlei Bäume wachsen. Eine Pappel, eine in die Höhe geschossene Korbweide, eine Akazie. Apfelbaum, Kirschbaum, Zwetschgenbaum, Birnbaum. Am Bach Ahorn und Esche.

Im November ist man nach der Grenze in eine verpisste Landschaft hineingefahren. Leere Straßen, leere Felder, Nebelschleier am Himmel. Dann das Feuer im Ofen, die Wärme, die sich ausbreitete, der Schein der Lampe über dem Tisch. Draußen die Rufe der Käuze. Das Schnurren der Katzen auf dem Bett. Sonst war Stille.

Basel, 18. 1. 2001

Ich freue mich, wenn ich in der Frühe erwache, und ich fühle mich wohl. Ich freue mich, dass es draußen langsam hell wird. Ich freue mich, wenn ich morgens um halb neun beim Spitzwald oben parke, und der alte Bernhardiner kommt angekeucht. Ich streichle ihm über sein struppiges Fell, was ihm gefällt. Ich freue mich, wenn ich mit den Ferkeln im Koben rede, und sie grunzen mich an. Ich freue mich, wenn ich im Laden nebenan einen Wirsing, Salat und vier Karotten kaufe, und der Verkäufer grüßt mich mit Namen. Ich freue mich, wenn ich anschließend durch den Wald trabe, eine Meise zwitschern höre und sich meine Lunge mit Schneeluft füllt. Ich freue mich, wenn ich in der Wirtschaft einen Milchkaffee bestelle, eine Zigarette rauche und die Zeitung lese. Fahre ich den Hügel hinunter in die Stadt zurück, schweift mein Blick über die Rheinebene zum Schwarzwald, und es freut mich, dass dort oben Schnee liegt.

Bin ich zurück in meiner Wohnung, weiß ich nicht mehr, was tun. Wohin soll ich mit meiner Freude?

Basel, 20. 1. 2001

Eine halbe Stunde nach Mitternacht. Ich bin eben von Bern heimgefahren, auf der Autobahn mitten durch die Nacht. Ein bisschen zu schnell, um die Zeit des Transports zu verkürzen. In Bern habe ich eine Lesung gehabt. Es waren gegen hundert Leute da, darunter einige mir bekannte, liebe Gesichter. Ich habe mich produziert, habe diskutiert. Ich habe Werbung gemacht für mich und meine Literatur.

Die Leute fanden mich sympathisch, herzig, ein bisschen bärbeißig wohl, aber überzeugend.

Während der Heimfahrt ist mir aufgefallen, dass es auf der ganzen Strecke keine einzige Möglichkeit gab, das Auto gegen irgendeinen massiven Gegenstand krachen zu lassen. Wo ein Pfeiler stand, war auch eine Leitplanke, die jeden Aufprall gedämpft hätte. Ein Totalschaden wäre zwar möglich gewesen, für das Auto, aber kaum letal für den Fahrer. Die Autobahnbauer waren sehr genau. Sie wollten der Autobahnpolizei das Herausfräsen von Leichen ersparen.

Todtnauberg, 23. 1. 2001
Ich bin eben hier angekommen. Bin auf den Stübenwasen gewandert, habe zum Belchen hinübergeschaut. Schnee und Regen in der Luft, Kühle. Bin dann im Hallenbad geschwommen. Fühle mich gut. Habe vor, einen Monat hier oben zu bleiben.

Todtnauberg, 1. 2. 2001
Gestern habe ich einen Satz gelesen, der mich beeindruckt hat: Irgendwann kommt die Zeit, in der die Vergangenheit vergangen ist.

Jetzt, es ist kurz nach acht, ich habe soeben in der Wirtschaft unten gefrühstückt, sitze ich in der

Stube meines Appartements und schaue hinaus in den Morgen. Die Sonne ist noch nicht aufgegangen. Ein paar Schneeflocken segeln herunter.

Ich werde wohl mit den Langlaufskiern durch die Wälder wandern. Ich werde mir sagen, dass das gut ist für mich, dass es schön ist, durch die verschneite Landschaft zu gleiten.

Am Morgen warte ich jeweils sehnlichst darauf, dass es draußen hell wird und die Nacht ein Ende hat. Am Abend warte ich darauf, dass es draußen dunkel wird und der Tag ein Ende hat.

Todtnauberg, 8. 2. 2001

Gestern bin ich bei meiner Tochter in Zürich gewesen. Eine wunderschöne, gescheite Frau.

Morgen kommt mich mein Sohn besuchen.

Todtnauberg, 10. 2. 2001

Bin mit meinem Sohn auf Langlaufskiern drei Stunden durch Pulverschnee geglitten. Er hat gesagt, ich sei noch rüstig.

Basel, 23. 2. 2001

Heute habe ich den *Tages-Anzeiger* gekauft und gesehen, dass mein neuer Roman *Tod einer Ärztin* auf Platz sechs der Bestsellerliste steht. Das ist mir, nur eine Woche nach Erscheinen eines Buches, noch nie passiert.

Heute Morgen habe ich im Allschwiler Wald den ersten Bärlauch gepflückt. Ich werde eine Hafersuppe kochen.

Basel, 24. 2. 2001

Es ist fünf Uhr morgens. Ich sitze in der Küche und rauche, bei offenem Fenster. Kalte Luft kommt herein, und draußen in der Dunkelheit singt eine Amsel.

Basel, 28. 2. 2001

Soeben hat der Ammann Verlag angerufen und mir mitgeteilt, das Bayerische Fernsehen wolle eine dreiviertelstündige Sendung über mich drehen.

Ich werde mich wohl daran gewöhnen müssen, Erfolg zu haben.

Basel, 3. 3. 2001

Gestern ist Beatrice von Matt bei mir gewesen, sie schreibt für die NZZ ein Porträt über mich. Ich bin mit ihr ins Elsass gefahren. Mein ehemaliges Haus habe ich ihr nur von Weitem gezeigt.

Todtnauberg, 27. 3. 2001

Heute vor vier Jahren war ich mit A. in Carona. Wir haben im San Grato meinen Geburtstag gefeiert. A. hat, ohne es mir zu sagen, Freunde eingeladen. Auch meine Tochter war da. Der Sohn konnte offenbar nicht kommen.

Dieses Überraschungsfest hat mich irritiert, es war ja kein runder, sondern mein 59. Geburtstag. Aber ich habe nicht groß darüber nachgedacht.

Offenbar hat A. geahnt, dass sie meinen 60. Geburtstag nicht mehr erleben würde.

Jetzt bin ich 63. In zwei Jahren bekomme ich die Altersrente. Ich fühle mich eigentlich immer noch sehr lebendig.

Basel, 15. 4. 2001

Heute ist Ostern.

Gestern bin ich mit Jürg Federspiel im Elsass essen gegangen. Dann habe ich in meiner Küche noch Wein getrunken und alte Briefe gelesen.

Ich träume jede Nacht unausweichlich. Schlimme Träume. Sie verfolgen mich durch den Tag.

II

Tagebuch
17. Februar 2008 – 28. Mai 2008

Todtnauberg, 17. 2. 2008

Traum

Im Haus meines Vaters. Es sind viele fremde Leute da. Einige tragen die beiden Ehebetten hinaus.

Etwas später bin ich in unserem Haus im Elsass. Es sind wiederum viele fremde Leute da. Einige reißen Dächer, Wände und Böden von Wohnhaus, Stall und Scheunen weg, bis auf die Balken. Unter dem Haus kommt ein lehmiger Teich zum Vorschein, von dem ich geahnt, aber nichts Genaues gewusst habe. In diesem Teich liegen einige heimliche Tiere, reglos. Das sind Nilpferde, sagt jemand. Tatsächlich, ich sehe, dass es kleine Nilpferde sind. Sie haben sich hier versteckt, sie haben hier überlebt.

Heute Morgen bin ich in gleißendem Sonnenschein mit den Langlaufskiern über den Stübenwasen gewandert. Im Süden die Alpen vom Säntis bis zum

Montblanc. In mir drin die Trauer über die verges-
senen Nilpferde. Blind geworden in der Dunkelheit,
wartend auf einen Lichtstrahl.

Basel, 18. 2. 2008

Ich bin mit meiner Freundin C. auf die Staffelegg
und durchs Schenkenbergertal hinunter an die Aare
gefahren. Thalheim, Oberflachs, Schinznach, drei
Juradörfer inmitten von Rebbergen, im Licht der
fast schon frühlingshaften Sonne.

In Schinznach kam ich am Riniker-Haus vorbei,
gleich gegenüber der Wirtschaft zum Hirzen. Darin
ist mein Großvater mütterlicherseits aufgewachsen.
Als Bub war ich dort oft in den Ferien. Jetzt wohnt
ein entfernter Verwandter darin. Ich hätte anhalten
und an die Tür klopfen können. Ich habe es nicht
getan.

Nach Mittag bin ich vom Benkerjoch aus auf die
Wasserfluh gestiegen, den Hausberg von Aarau. Der
Weg führt über die Nordflanke des Jurakamms, der
das Fricktal vom Mittelland scheidet. Schattige Vieh-
weiden, viel schütterer Wald. Ab und zu ein Hof,
wo einem ein einsames Rind nachglotzt. Kein Son-
nenstrahl hier, nur die Jets am Himmel oben leuchten. Der Pfad sehr steil, die Kalkbrocken feucht und
glitschig.

Dann erreicht man den Kamm, man steht in der Sonne. Zu Füßen die Agglomeration von Aarau, dazwischen glitzernd die Aare.

Dort unten, in der Zelglistraße neben dem Friedhof, ist meine Mutter aufgewachsen. Dort unten in diesem Haus, ich glaube es zu erkennen, bin ich in der Gymnasialzeit jeden Mittag zum Essen eingekehrt. Und in jenem alten Gebäude in der Nähe des Bahnhofs habe ich die Schulbank gedrückt und mich gelangweilt, bis ich mit zwanzig die Matura erhielt. Dort neben der Aarebrücke, gleich am Ufer, muss heute noch die Bank stehen, auf der ich zum ersten Mal die Haut eines Mädchens berührte.

Ich nehme das alles zur Kenntnis, kaum mehr erschütterbar, mit kaltem Herzen. Ich bin alt. Ich werde mich beim Abstieg vorsehen müssen, um nicht zu fallen.

Todtnauberg, 20. 2. 2008
In drei Wochen erscheint mein nächster Hunkeler-Roman über die goldene Hand des Herzogs Rudolf von Rheinfelden. In fünf Wochen ist mein siebzigster Geburtstag. Mein Buchverlag hat den Motor der Promotion angeworfen. Und in mir regt sich die Alterseitelkeit.

Die Folgen bekomme ich deutlich zu spüren. Gestern ein Interview mit dem Schweizer Radio. Heute eines mit dem Südwestrundfunk. Übermorgen eines mit einer deutschen Sonntagszeitung. Plötzlich wollen alle etwas von mir hören.

Das ist neu für mich. Ich bin zwar als Schriftsteller nicht erfolglos gewesen. Erfolg als Schreiber hat man, wenn man die Zeit, die man zum Schreiben braucht, mit dem Geld, das man mit dem Schreiben verdient, bezahlen kann. Das habe ich stets geschafft, auch dank A., die ebenfalls Geld verdient hat. Es war nicht immer einfach, es gab Zeiten, in denen wir sehr wenig Geld hatten. Aber zum Essen ausgehen und eine Flasche Wein trinken konnten wir immer.

Ich bin nie ein modischer Autor gewesen. Meist lag ich quer in der literarischen Landschaft. Ich habe, vor allem auf der Bühne, neben Erfolgen auch Misserfolge eingefahren. Und ich bin nie ein Liebling der Kritiker gewesen.

Ich habe weitergemacht, vor allem dank meiner Frau und meiner zwei Kinder. Sie haben mit der Selbstverständlichkeit, mit der sie mit mir zusammengelebt haben, dafür gesorgt, dass ich produktiv geblieben bin.

Ich habe immer mit Lust geschrieben. Ich habe mir diese Freiheit stets bewahrt. Sie hat mich immunisiert gegen den Literaturbetrieb. Sie hat mir die Kraft gegeben, mit meiner Eigenart zu überleben.

Ich frage mich, was das für Tiere waren in meinem Traum. Warum Nilpferde?

Ich kenne mich aus in meinen Träumen. Ich kenne die Tiere, die darin auftauchen, sie sind mir vertraut. Es sind oft Fische und Schlangen. Ein Nilpferd ist mir noch nie erschienen.

Im Zoo habe ich oft Nilpferde betrachtet. Träge Leiber, die im Wasser liegen. Rötliche Haut, die sich vor der Sonne hütet. Kurze, dicke Beine, die den schweren Körper aus dem Wasser stemmen.

So sind unsere Vorfahren aus dem Wasser gekrochen. Warum sie das getan haben, weiß ich nicht.

Todtnauberg, 22. 2. 2008

Traum

Ich bin in den Bergen, in Graubünden oder so. Schöne Häuser, nahe beisammen. Nette Leute.

Plötzlich rutschen die nächststehenden Berge weg. Sie bewegen sich wie auf Kufen, wie auf Eis, und rutschen hinab. Die Leute sind geschockt. Es steht also nichts mehr fest. Ich erschrecke, aber im Grunde habe ich so etwas erwartet.

Es ist gegen Abend. Ich habe ein Interview hinter mir, sitze in meinem Appartement und denke an den Traum von den wegrutschenden Bergen. Das brach ab wie große Eisschollen, mit scharf gezogenen Bruchstellen.

Ebenso deutlich war das Erschrecken der Leute. Sie hatten so etwas nicht für möglich gehalten. Für sie brach die Welt zusammen.

Warum Graubünden? Wohl deshalb, weil ich gleich nach dem Studium in der Hauptstadt Graubündens, in Chur, an der Kantonsschule unterrichtet habe. Sie hätten mich gerne fest angestellt, Lehrer waren Mangelware. Ich habe mit A. darüber geredet. Sie hat mir abgeraten, das sei nichts für mich. Ich war froh über diesen Rat.

Hätte ich mich fest anstellen lassen, wäre ich wohl dort geblieben. Ich hätte ein Haus gekauft, vielleicht im lieblichen Domleschg, das mir immer sehr gut gefallen hat. Ich hätte gesund gelebt, hätte Sport getrieben und im Sommer in den Bergbächen Forellen gefangen. Es war eine heile Welt dort oben. Natur pur, herrliche Berge. Schöne, alte, reiche Dörfer. Ein geruhsames Lebenstempo. Aber wir wollten beide nicht.

Die Schülerinnen und Schüler kamen aus den Bergtälern, waren ruhig, neugierig und klug. Ich hätte ohne weiteres zwischendurch eine halbe Stunde schlafen können, sie hätten mich nicht geweckt und gewartet, bis ich wieder erwacht wäre.

Die Nachmittage hatte ich, mit einer Ausnahme,

frei. Ich fuhr im Postauto auf die Lenzerheide und ließ mich mit der Gondel aufs Parpaner Rothorn tragen. Ich machte die Abfahrt drei-, viermal, ich war in Form. Erst das Stück Pulverschnee auf der Nordseite, dann über die Krete in den Südhang hinein, der im Frühling sulzig wurde. Eine traumhaft schöne Abfahrt, ich kenne sie noch heute auswendig.

Die Kollegen waren freundlich, sie halfen dem fremden Unterländer. Ich habe viel Geld verdient, hätte ein gemachter Mann sein können.

Ein Bild habe ich in meiner Erinnerung gespeichert, als ob ich es gestern gesehen hätte. Ein Bild aus dem Domleschg. Eine Kapelle auf einem Hügel unweit eines Dorfes, beschienen von der Frühlingssonne. Gegenüber der Heinzenberg, im Süden der weiße Beverin. Der Hügel voller Anemonen, pelzigen, warmen Blumen. Ich weiß noch, wie ich auf einer Bank saß vor der Kapelle und an A. dachte, die in Basel im Büro arbeitete.

Unterhalb jenes Dorfes liegt der Canovasee, ein seichtes, warmes Gewässer, umstanden von Schilf. Darin wohnte ein Aal. Die Kinder, die dort badeten, fütterten ihn mit Brotstücken, die sie, am Ufer kauernd, ins Wasser streckten. Der Aal tauchte auf aus dem Dunkel. Woher er kam, war nicht zu erkennen, das Wasser war zu trübe. Er nahm das Brotstück und verschwand wieder. Das hat immer funktioniert, ich habe mehrmals zugeschaut.

Im Norden von Chur der Calanda, langgezogen, unbewohnt, öde. Ein Berg, den man selten bestieg, es gab lohnendere Ziele. Ich bin einmal oben gewesen. Über 2000 Meter Höhendifferenz, Geröllhalden, nur wenige Alpweiden dort oben. Ein verwunschener Berg, eine Steinwüste aus unwirtlicher Zeit. An seiner Südflanke, über Felsberg, lagen die Stollen, aus denen die Leute vor Jahrhunderten Gold geholt haben. Ich bin darin herumgekrochen und habe gemeißelt und gehämmert, habe aber nichts gefunden.

Kürzlich habe ich in Thusis im Domleschg eine Lesung gehabt. Auf der Hinfahrt habe ich zum Calanda hochgeschaut, auf seine gefleckte Flanke. Ich habe mich wieder einmal gefragt, warum ich damals nicht in Chur geblieben bin.

Wohl deshalb, weil ich diesem behaglichen Leben nicht traute. Weil ich ahnte, dass diese Idylle versteckte Risse aufwies, die der nächste Frost aufsprengen würde.

Ich ging wieder nach Basel, wo ich eine Stelle auf einer Zeitungsredaktion antrat.

Traum

Ich fliege durch den Wald, im Helikopter oder ähnlich. Ich sehe mehrere Blutlachen von Tieren, die ein Luchs gerissen hat.

Endlich sehe ich den Luchs. Ich bin in Sicherheit, in einer Baumhütte oder so. Der Luchs ist viel größer, als ich gedacht habe. Er ist gefährlich. Er sieht mich auch, rennt aber nicht weg.

Dann kommt A. Sie sieht den Luchs, bleibt stehen, betrachtet ihn voller Interesse. Die beiden betrachten sich. Ich schreie, so laut ich kann, um A. zu warnen. Endlich bringt sie sich in Sicherheit.

Es schleicht also ein schönes, geflecktes, gefährliches Raubtier herum. Mir selber kann es nichts anhaben. Wir fassen uns zwar ins Auge. Aber ich bin oben in der Luft, wo das Raubtier nicht hingelangt.

Anders A. Sie kommt auf dem Boden daher, sie steht auf der Erde. Sie muss erkennen, dass das Raubtier gefährlich ist. Aber sie hält stand, läuft nicht davon. Meine Warnrufe interessieren sie nicht. Sie entscheidet selber, wen sie ins Auge fassen will und wen nicht. Sie ist ebenso stark wie der Luchs.

Endlich geht sie weg, selbstbewusst, sie flüchtet nicht.

Seit A.s Tod vor zehn Jahren träume ich regelmäßig solche Eifersuchtsträume. Von Männern, oder eben von starken, wilden Tieren, gegen die ich nicht ankomme.

Sie war völlig eins mit sich, auch erotisch. Sie hat sich entschlossen zu mir gesellt, hat mich aus meiner Lufthütte auf die Erde heruntergeholt und zur Liebe verführt, so dass ich keine andere Wahl hatte. Sie hat mich lebensfähig gemacht und zum Vater gemacht. Sie hat das aus freien Stücken getan, weil sie mich lieben wollte.

Ich habe mich nach dem Tod meiner Mutter in eine Lufthütte zurückgezogen. Ich wurde unberührbar, ich habe mich immunisiert gegen menschliche Berührung. So habe ich den Terror meines Vaters, meiner Lehrer, der idiotischen, männlichen Versuche, aus mir einen vernünftigen, brauchbaren Menschen zu machen, überlebt. Das war eine enorme Leistung von mir, die ich damals nicht zur Kenntnis genommen habe. Ich wollte bloß überleben.

Der Preis dafür war die Tabuisierung meiner Erotik. Unter Erotik verstehe ich meine Gefühlswelt. Ich habe sie rigoros unterdrückt, um keine Angriffsfläche zu bieten. Ich bin abgehoben, entschwebt. Selbstverständlich kann auf Dauer niemand so leben, ohne neurotisch zu werden.

Als ich mit 28 von Chur nach Basel zurückkam auf die Zeitungsredaktion, bin ich zusammengebrochen. Ich konnte kaum mehr aufrecht stehen, ich lag meist in der Horizontalen. Die Folge: Valium und Psychoanalyse. Ich habe über meine Träume meine Erotik zur Kenntnis genommen. Ich habe den Versuch gestartet, sie durchzusetzen, vor allem im Schreiben. Ich versuche es noch heute.

Ich halte mich noch heute vorwiegend in meiner Lufthütte auf, von der aus ich beobachte. Ich bin kein Lebemann. Ich greife nicht gern ins Leben ein. Oder bloß, wenn es unbedingt sein muss. Und dann kommt es oft falsch heraus.

A. ist die ganze Zeit bei mir geblieben, auch während der Analyse. Sie hat mich nie ganz entschweben lassen. Sie lässt mich auch jetzt, zehn Jahre nach ihrem Tod, nicht entschweben. Der Luchs-Traum ist keine Ausnahme. Ich träume regelmäßig von A. Das bedeutet, dass ich noch immer in gewisser Weise mit ihr zusammenlebe. Das macht es mir auch so schwer, eine andere Frau zu lieben. Ich bin nicht frei.

Ich frage mich, warum ich das alles aufschreibe. Ich gebe mir zwar Mühe, genau und ehrlich zu denken. Aber die Wahrheit scheint mir dabei nicht zutage zu treten. Vielleicht kann ich, als Subjekt, mich als Objekt nicht begreifen. Weil beides dasselbe ist. Das Einzige, was hier nicht lügt, sind meine Träume. Folglich werde ich mich weiterhin auf meine Träume konzentrieren.

Traum

Ich treffe A. an, mitten in der Nacht. Sie liegt im Bett. Ihr Gesicht ist mit flockigem Schaum bedeckt, der ihr aus der Luftröhre quillt. Wie Rasierschaum, wie chemischer Schaum. Eine Folge ihrer Krankheit. Ich umarme sie. Sie ist aber ganz leicht geworden. Ich klage: Warum sagst du nichts? Warum rufst du nicht? Sie sagt kein Wort.

Solche und ähnliche Träume habe ich oft. Es sind Verzweiflungsträume, die mich dann durch den folgenden Tag begleiten.

Nachdem ich 1999 das *Nachtbuch* veröffentlicht hatte, in dem ich mein Leben nach A.s Tod tagebuchartig beschrieben habe, erhielt ich eine Unmenge Briefe von Leuten, die etwas Ähnliches erlebt hatten. Ich habe nur ganz wenige beantwortet, ich bin kein Seelsorger. Es haben mich fremde Leute angerufen, mir die Ohren vollgeschwatzt. Alle haben das Gleiche gesagt und geschrieben: dass die Zeit jede Wunde heilt, stimmt nicht. Alle haben gesagt: Es wird nicht besser. Im Gegenteil, es wird schlimmer.

Ich habe erfahren, dass es zwei Sorten Menschen gibt. Solche, die dem Krebstod ihres liebsten Menschen zugeschaut haben. Und solche, die das nicht erlebt haben. Ich merke es einem Menschen sogleich an, zu welcher Sorte er gehört.

Ich kann mit niemandem über den Krebstod meiner Frau reden. Mit der ersten Sorte Menschen hat es keinen Sinn, weil sie es schon wissen. Wenige Worte genügen, dann folgt das Schweigen. Es sind Gezeichnete wie ich.

Mit der zweiten Sorte Menschen hat es auch keinen Sinn. Sie verstehen nicht, wovon ich rede.

Todtnauberg, 29. 2. 2008

Traum

Ich bin in einer Stadt im englischen Norden. Ich habe um 20 Uhr 15 eine Lesung an einem Ort, dessen Namen ich vergessen habe. Ich verirre mich in ein arabisches Viertel, ich verirre mich immer tiefer. Ich frage die Leute nach dem Ort, wo die Lesung stattfindet. Sie verstehen mich nicht, oder sie wollen mich nicht verstehen. Es ist bereits halb neun. Ich werde zu spät kommen, wenn überhaupt. Ich gerate in Panik, fange an zu rennen, es wird immer schlimmer. Ich werde aus diesem Viertel nicht mehr herausfinden.

Plötzlich bin ich auf einer breiten Straße. Soldaten marschieren heran. Panzer rollen. Sie haben es nicht auf mich abgesehen, ich interessiere sie nicht.

Gestern habe ich Martin Suter in Guatemala angerufen. Er hat heute, am 29. Februar, Geburtstag. Ich rufe ihn jedes Schaltjahr an. Dann freuen wir uns beide, dass wir wieder einmal miteinander reden können.

Draußen regnet es, es ist zu warm für Schnee. Mit Langlauf ist nichts mehr, die Loipe wird weggeschwemmt.

Vor rund dreißig Jahren war ich für eine Zeitung einige Tage in Algier. Gleich nach meiner Ankunft habe ich ein Hotel gesucht. Es war unmöglich, ein freies Zimmer zu finden. Ich fuhr mit dem Taxi fünfzig Kilometer nach Westen, am Meer entlang. Dort war ein neu erbauter Touristenkomplex, dort habe ich die erste Nacht geschlafen. Abends habe ich mit einem vereinsamten Dänen in der Bar Bier getrunken.

Am nächsten Tag habe ich gleich neben der Kasbah ein sehr billiges Zimmer gefunden, im Hotel Afrique. Es stand über dem alten Hafen, man sah über die flachen Dächer aufs Meer hinaus. Dort habe ich zwei Wochen gewohnt.

Die meiste Zeit bin ich durch die Stadt gewandert, vor allem durch die Kasbah. Dort standen Männer auf der Straße, dicht gedrängt. Einmal habe ich dreißig Meter weiter vorn einen gesehen, der mich genau ins Auge fasste. Ich war mir sicher, dass er ein Taschendieb war. Er kam rasch näher, er tänzelte durch die Menge.

Da geriet ich in Panik. Ich bin geflohen, bergab durch die Kasbah zum Hafen hinunter. Ich bin die Treppen hinuntergerannt in schierer Angst. Die Leute haben mir erschrocken nachgeschaut, wie ich geflüchtet bin. Die Treppenabsätze waren ihre Wohnzimmer.

Unten am Hafen, als ich wieder zu mir kam, habe ich mich geschämt.

Diese Flucht kommt mir in den Sinn, wenn ich an den Traum vom Araberviertel denke. Jene Wochen in Algier, als ich hautnah erlebte, wie fremd uns Europäern die arabische Kultur ist.

Es ist elf Uhr morgens. Ich bin eine Stunde lang im Bad des Hotels, zu dem mein Appartement gehört, geschwommen. Eine achtzigjährige Dame war auch da. Sie kommt jeden Morgen, um ihre müden Glieder zu lockern. Sie vollführt seltsame Bewegungen im Wasser, fächelt sachte mit Händen und Füßen. Eine gebrechliche, charmante Nixe.

Der Traum von der verpassten Lesung im Norden Englands war ein normaler Angsttraum. Ich träume immer wieder von unlösbaren Situationen, etwa dass ich eine Lesung halten muss und kein Buch bei mir habe. Da ich eine Zeitlang Theater gespielt habe, träume ich davon, dass ich jetzt gleich aus der Gasse auf die Bühne hinaustreten muss und keine Ahnung von meinem Text habe. Ich bin jedes Mal heilfroh, wenn ich erwache und merke, dass ich wohlbehalten im Bett liege.

Das Araberviertel, in dem ich mich verirre, ist ein Zeichen meines Fremdseins. Ich fühle mich fremd, ich bin ein Fremdling in dieser Welt.

Algier war damals eine ganz und gar fremdartige Stadt. Europäische Touristen waren nicht vorgesehen. Was mich erstaunt hat. Denn die Stadt liegt nur zwei Flugstunden von Genf entfernt.

Zum ersten Mal bin ich 1970 in Nordafrika gewesen. Ein Freund von mir, der in Kairo Professor war, hat mich eingeladen. Seither bin ich oft nach Ägypten gereist, zum letzten Mal vor zwei Jahren mit meinen Kindern.

In meiner Gymnasiastenzeit bin ich einige Male nach Zürich gefahren, um mich ins Afrique oder ins Maroc zu setzen. Das waren Cafés in maghrebinischem Stil, mit viel Jazz im Wurlitzer. Ich bin mir dabei kühn und einigermaßen verworfen vorgekommen.

Die Jazz-Leute waren die Einzigen, die eine Verbindung zum Maghreb hergestellt haben (außer Camus selbstverständlich, der aus Algerien kam). Charlie Parker hat *A Night in Tunisia* gespielt, Duke Ellington *Caravan* und *Dusk in the Desert*. Das waren Botschaften aus Nordafrika.

Ich habe mich früh für arabische Literatur interessiert. Ich habe die Übersetzungen der arabischen Reihe im Basler Lenos Verlag gelesen und einige davon in Zeitungen besprochen. Ich habe nie begriffen, warum diese Bücher auf so wenig Interesse stießen. Den Libyer Ibrahim al-Koni zum Beispiel halte ich für nobelpreiswürdig.

Offenbar wirkt immer noch der Unabhängigkeitskrieg der algerischen FLN gegen Frankreich nach. Und selbstverständlich der tausendjährige Kampf der sogenannten Heiden gegen die Christen, bis hin zur Zerstörung der beiden Wolkenkratzer in Manhattan.

So lange sich der Westen nicht wirklich für die arabisch-islamische Kultur interessiert, wird dieser Kampf weitergehen. Ein erster Schritt wäre das Ernstnehmen dieser Kultur, beispielsweise indem man an unseren Universitäten Lehrstühle für arabische Literatur einrichten würde.

Todtnauberg, 1. 3. 2008

Urs Bircher, der ein Buch über meine Theaterarbeit schreibt, ist hier oben, zusammen mit dem Kritiker Reinhardt Stumm. Sie wollen mich interviewen.

Basel, 4. 3. 2008

Heute Morgen bin ich nach Fribourg gefahren, um an der Universität mit einem Exegeten über mein Stück *Jesus und die drei Mareien* zu diskutieren. Auf der Autobahn Schneetreiben und Stau. In Fribourg war das Parkhaus voll. Ich zwängte mich durch den Verkehr, um einen Parkplatz zu finden. Ich Vollidiot, dachte ich, warum tue ich mir das an, in meinem Alter?

Der Exeget war ein alter Walliser, blitzgescheit, frech und lustig. Dazu eine Schar neugieriger, schöner Studentinnen und Studenten. Anderthalb Stunden lustvoller Diskussion. Das tust du wieder, dachte ich.

Der Exeget hat mir vorgehalten, ich sei in meinem Stück nicht frech genug. Er meinte, ich hätte für die alten Wörter ›Himmelreich‹, ›selig‹ und ›Sünde‹ neue, schweizerdeutsche Wörter finden müssen. Was für Wörter?, habe ich gefragt. Er hat es auch nicht gewusst.

Traum

Tessin, Tremona, bei Freunden. Unsere schwarz-
weiße Katze ist auch da, fühlt sich aber nicht wohl.
Endlich kommt A., obschon sie krank ist. Ich freue
mich ungemein. Eigentlich sieht sie nicht krank aus,
sondern ganz normal.

In Tremona im Südtessin haben gute Freunde von
mir gewohnt. Einige sind inzwischen gestorben.
Ich bin ein paarmal dort zu Besuch gewesen, was
stets in ein Gelage ausgeufert ist. A. ist nur selten
mitgekommen.

Die schwarz-weiße Katze, die wir Büsi nannten,
hat achtzehn Jahre mit uns zusammengelebt. Wenn
wir über das Wochenende wegfuhren, die ersten
Jahre ins Stöckli im Emmental, dann ins Bauernhaus im Elsass, haben wir sie mitgenommen. Sie
hat jede Nacht bei A. auf dem Bett geschlafen. Eine
Hauskatze, in freier Wildbahn ein Angsthase, in der
Wohnung ein stolzer Löwe.

Ich bin meist mit einer Katze zusammengewesen
in meinem Leben. Hatte ich selbst keine, ist mir
schon bald eine zugelaufen.

Todtnauberg, 6. 3. 2008

Gestern habe ich mir im Foyer des Basler Theaters einen Durchlauf der Jugendoper *Die sieben Raben* von Jost Meier angeschaut, zu der ich den Text geschrieben habe. Es spielten und sangen und musizierten Mädchen und Burschen des Gymnasiums Leonhard. Gitarre, Cello und Posaune. Ich war hingerissen. Und ich habe gedacht: Alt und jung passt gut zusammen.

Todtnauberg, 9. 3. 2008

Traum

Ich bin irgendwo unterwegs. Eine südliche Gegend, Südamerika vielleicht? Es sind Leute da, eine Menge. Plötzlich sehe ich eine Frau, die mich elektrisiert. Ist sie es, oder ist sie es nicht? Es ist A., ein bisschen verändert, doch ungemein vertraut. Sie sieht mich auch, erkennt mich. Ich befürchte schon, sie renne weg. Aber sie bleibt. Sie hat mich vor Jahren verlassen, sie wollte weg von mir. Wohin sie damals ging, wusste ich nicht.

Es ist Zufall, dass wir uns über den Weg gelaufen sind. Es geht ihr gut. Sie hat einfach allein sein wollen. Ich bin enorm vorsichtig, will sie nicht vertreiben. Es geht mir im Grunde auch gut, obschon ich unheimlich Langezeit hatte nach ihr und immer noch habe. Ich sehe, dass auch sie immer noch an mir hängt. Ich achte darauf, ob sie vielleicht einen neuen Freund bei sich hat. Es sind gute Leute da. Aber ich sehe niemanden, der ihr Freund sein könnte. Ich merke, dass ich ihr immer noch gefalle.

Was soll jetzt aus uns werden? Wir können nicht voneinander lassen, wir könnten höchstens fliehen voreinander. Aber das will ich nicht. Sie will es, glaube ich, auch nicht. Sollen wir uns wieder zusammentun?

Zwei Uhr morgens. Ich sitze am Tisch, rauche. Ich habe eben diesen Traum aufgeschrieben. Der Traum war so, dass ich ihn um ein Haar gleich wieder weggeschoben und mich zurück in den Schlaf geflüchtet hätte. Zu seltsam, diese Begegnung mit meiner toten Frau. Zu wunderbar.

Ein unglaublicher Traum. Ich habe ihn mit größter Scheu aufgeschrieben.

Drei Uhr nachmittags. Ich denke immer noch an den Traum. Die alte Vertrautheit war wieder da. Nur distanziert jetzt, als ob etwas zerbrechen könnte. Schön, tröstlich, aber auch traurig, weil sie sich ja nicht umarmen ließ. Sie war in einer Welt, die sie nicht mit mir teilen wollte.

Ich glaube nicht an das Weiterleben nach dem

Tod. Aber wer weiß das schon genau? Ich jedenfalls weiß es nicht.

Heute Abend habe ich die erste Lesung aus meinem neuen Roman *Hunkeler und die goldene Hand*,
in Rheinfelden. Morgen Abend bin ich bei einer
Podiums-Diskussion in Luzern. Thema ist die dor-
tige Aufführung meines Jesus-Stücks. Offenbar haben es einige Leute als Blasphemie verstanden. Unfassbar, was es für dumme Menschen gibt.
Der Traum wird mich begleiten.

Venedig, 27. 3. 2008
Heute werde ich siebzig Jahre alt. Ich bin mit Kin-
dern und Schwägerin gestern Abend nach Venedig
geflogen und mit einem Boot durch die Lagune zum
Lido gefahren, durch den Kanal von Murano. Eine
Schönheit in der Nacht, als ob ich geträumt hätte.

Es regnet, es ist hundekalt. Trotzdem bin ich
heute Morgen kurz im Meer gewesen, auf der Adria-
Seite der Insel, ausgezogen bis auf die Unterhose.
Ich habe mein siebzigjähriges Gebein gegen die an-
rollende Brandung geworfen und bin abgetaucht,
eine Minute lang. Das Salzwasser hat mich aufgenommen wie eh und je, obschon ich seit A.s Tod das
Meer nicht mehr gesehen habe.

Venedig selbst interessiert mich kaum mehr, höchstens als ferne, der Lagune entsteigende Fassade. Das Schönste hier sind die Schiffe, die dauernd hin und her fahren, gemächlich wie schwimmende Kamele.

Heute also vor siebzig Jahren habe ich mich aus dem Leib meiner Mutter gezwängt. Inzwischen habe ich sieben Jahrzehnte lang geatmet, alle paar Sekunden eingeatmet, alle paar Sekunden ausgeatmet. Eine ungeheure Leistung, obschon ich kaum Notiz genommen habe davon.

Das Schöne am Leben ist, dass man lebt, als wäre es selbstverständlich.

Todtnauberg, 18. 4. 2008

Heute Morgen bin ich bei strahlendem Sonnenschein mit den Langlaufskiern auf dem Feldberg oben gewesen. Idealer Sulzschnee, man konnte die Spur hinlegen, wo man wollte.

Vorgestern Abend hat im Zürcher Zunfthaus zur Schmiden meine öffentliche Geburtstagsfeier stattgefunden. Es haben Kollegen und eine Kollegin aus meinen Werken vorgelesen, nämlich Peter Bichsel, Franz Hohler, Thomas Hürlimann, Ruth Schweikert und Urs Widmer. Ich war windelweich, ich habe mit den Tränen gekämpft.

Heute Abend beginnen hier oben in Todtnauberg die Hunkeler-Tage. Lesungen, Diskussionen, Hörspiele und Filme. Und ich mittendrin. Das Ergebnis: Mein neuer Roman verkauft sich gut, ich verdiene Geld.

Ich kenne Kollegen, die hervorragende Schreiber sind und trotzdem im Alter betteln gehen müssen. Einige haben das nicht ertragen und sich in den Tod getrunken.

Erfolg im Alter ist wundervoll. Man bekommt nachträglich recht. Die Fehler, die man gemacht hat, verlieren an Gewicht. Und man schreibt die eigene Biographie um.

Ich habe vierzig Jahre im Versteckten geschrieben. Das war meine Stärke. Jetzt werde ich plötzlich ans Licht gezerrt. Ich lasse es zu, weil ich recht bekommen will.

Todtnauberg, 9. 5. 2008
Heute Morgen bin ich, wie die letzten Tage meistens, um vier erwacht. Es war noch dunkel draußen, aber ich habe das leise Zwitschern eines Hausrotschwanzes gehört. Der Hausrotschwanz ist der früheste Vogel, er meldet sich bei der ersten Dämmerung. Also wusste ich, dass bald der Morgen anbrechen würde. Die bösen Träume kommen in der

Dunkelheit, das Licht scheucht sie weg. Ich bin beruhigt wieder eingeschlafen.

Am Nachmittag habe ich zu lesen angefangen, mühsam zunächst, ich muss mich erst wieder an die konzentrierte Ruhe gewöhnen. Ich lese die *Schweizersagen aus dem Aargau* von Ernst Ludwig Rochholz, erschienen 1856 in Aarau bei Sauerländer. Ein Monumentalwerk von 800 Seiten.

Rochholz war 1833 als politischer Flüchtling aus Bayern in die Schweiz gekommen und Lehrer an der Kantonsschule Aarau geworden. Er hat über Jahre hinweg seine Schülerinnen und Schüler nach Sagen gefragt.

Ich lese diese Geschichten nicht nur, weil es mich interessiert, was man sich früher in meiner Heimat erzählt hat. Ich will ein Theaterstück darüber schreiben. Eine kleine Produktion für Kleinbühnen. Premiere soll in einem Jahr in Baden an der Limmat sein. Ich weiß noch nicht, wie das gehen soll. Aber ich werde es versuchen.

Todtnauberg, 15. 5. 2008
Traum
Ich muss irgendetwas holen in einem Versteck in einer alten Garagenhalle, in einer Art Schließfach. Etwas, was ich gar nicht haben will. Ich muss es im

Auftrag meines Freundes Willy F. holen. Es zu holen ist gefährlich, weil es weit in eine dunkle Vergangenheit hineinführt, für die ich nichts kann. Von der ich nicht weiß, ob sie real oder ein Traum ist. Ein gefährliches Geheimnis, in das ich wegen meiner Gutmütigkeit hineingeschlittert bin.

Jetzt, es ist Nachmittag, erinnere ich mich wieder an diesen Traum, den ich um zwei Uhr morgens aufgeschrieben habe. An die Garagenhalle, an die Stelle, wo ich das Verlangte holen sollte. An meinen Widerwillen, meine Angst vor diesem Auftrag. Aber irgendwie hing ich mit drin. Was da versteckt war, war eine Schuld, ein Verbrechen, von dem ich mich längst distanziert hatte, das ich längst verdrängt hatte, so sehr, dass ich mich gar nicht mehr an die Art des Verbrechens erinnern konnte.

Der Traum, den ich nicht recht zu deuten weiß, lässt mich an Kafka denken. Der hatte einen derart übermächtigen Vaterkomplex, dass er sich immer wieder von den Frauen, die er eigentlich liebte und die ihn auch liebten, distanziert hat. Der Vater gebot so sehr über ihn, dass er, der Sohn, sich zeitlebens fast gar nichts traute. Das Einzige, was er sich traute, war schreiben. Aber bloß verschlüsselt, er hat nie direkt über seine Probleme geschrieben. Er hat es zwar einige Male versucht, in seinen Briefen vor allem. Aber klar und eindeutig hat er sich nie formuliert. Da war ein Riegel, der ihm den Zugang zur hellen Selbsterkenntnis versperrte.

Hingegen hat er im *Prozess* und im *Schloss* ganz real seine Traumräume beschrieben, beherrscht von einer ihm fremden Macht, die sich nie zeigt und gerade deshalb umso unausweichlicher wirkt.

Diese seine Traumräume scheinen mir vergleichbar zu sein mit der Garagenhalle in meinem Traum. Warum es gefährlich ist, zum Versteck zu gehen und das Gewünschte zu holen, weiß ich nicht. Ich weiß nur, dass eine unfassbare Bedrohung da ist, der ich ausgeliefert bin. Und ich weiß, dass ich schuldig bin und dieser Schuld nicht entgehen kann. Sonst würde ich mich nicht aufmachen zum Versteck. Sonst würde ich diesen Traum gar nicht träumen.

Kann man mit einer solchen Schuld überhaupt leben? Ja, indem man sie beschreibt. Und indem man sich von den Menschen fernhält.

A. hat mehr über mich gewusst als ich selber. Jetzt, da ich über zehn Jahre allein bin, drängt sich die Macht, die ich nicht benennen kann, wieder heran. Und mein Schuldbewusstsein wächst.

Willy F. ist ein alter Freund von mir. Ich habe damals im November 1966, als ich psychisch zusammenbrach, mit ihm zusammen in seiner Wohnung gelebt. Er war einige Jahre älter als ich.

Ich hätte den Traum auch so träumen können, dass ich Willy F., der mir den Auftrag gibt, etwas aus einem Versteck zu holen, was ich gar nicht holen will, antworte, ich hätte kein Interesse, das zu tun, er solle doch selber hingehen und das Gewünschte holen. Aber so frei bin ich offensichtlich nicht. Das Muster des unbedingten Gehorsams funktioniert noch immer. Erschreckend, diese Erkenntnis.

Ändern kann ich dieses Grundmuster nicht mehr. Dazu bin ich zu alt. Aber ich kann es mir bewusstmachen, indem ich über meine Träume nachdenke. Und ich kann darüber schreiben.

Es ist Abend. Der Traum beschäftigt mich noch immer. Er scheint mir zentral zu sein, ins Zentrum meiner Probleme weisend. Deshalb auch versteckt er sich vor meinem wachen Bewusstsein, so dass ich ihn kaum verstehen kann. Seine Intensität war enorm. Die Angst vor der Entdeckung meines Verstecks, die Angst vor den Männern, die um mein Geheimnis wissen und mich zur Rechenschaft ziehen werden, wenn sie auftauchen. Und auftauchen können sie jeden Moment.

Ich denke, der Grund für diese meine Angst, für dieses mein Schuldbewusstsein ist das Terrorsystem, das mein Vater gegen mich aufgebaut hatte, lückenlos konsequent wie jedes Terrorsystem. Er betrachtete es wohl als Aufgabe des Erziehers, den Zögling zu terrorisieren, damit dieser nicht auf dumme Gedanken kam. Jede eigene Idee des Zöglings galt von vornherein als dumm. Also sprach sie der Zögling gar nicht mehr aus. Nie hätte ich Vater gegenüber einen Wunsch geäußert. Ein Wunsch wäre vermessen gewesen, eine Unverschämtheit. Meine Frisur, meine Kleider wurden noch im Konfirmandenalter vom Vater bestimmt, und zwar diskussionslos. Ständig hat er an mir herumgemäkelt. Die Art, wie ich ging, passte ihm nicht. Die Art, wie ich redete, passte ihm nicht. Die Musik, die ich hören wollte, passte ihm nicht. Alles an mir passte ihm nicht.

Dass er mich dauernd verprügelt hat, war nicht so schlimm. Ich habe die Prügel leichten Herzens ertragen. Das Schlimmste war, dass er unsere Mutter vor den Augen von uns Kindern dauernd beleidigt hat. Sie hat sich ein paarmal zu wehren versucht, hat es dann aber aufgegeben. Das hieß: Vater hatte nicht nur über uns Kinder die uneingeschränkte Gewalt, sondern auch über Mutter.

Ich muss dieses Terrorsystem schon früh verinnerlicht haben. Ich wandte es gegen mich selbst an. Der äußere Terror war gar nicht mehr nötig, um mich zu knechten. Ich habe mich selbst geknechtet.

Ich bin heute Nachmittag nach Basel zurückgekehrt. Ich habe nächste Woche wieder Lesungen. Zudem muss ich nach Fribourg fahren, wo mein Stück *Sennentuntschi* Premiere hat.

Basel, 17. 5. 2008
Es ist erstaunlich, dass ein Mann von siebzig Jahren sich immer noch mit der gewaltsamen Deformierung, die er in der Jugend erlitten hat, beschäftigt. Und irgendwie unpassend, unanständig. Als ob es keine anderen Probleme gäbe auf der Welt. Aber so ist es mit Neurosen. Man fasst sie früh und kann sie ein Leben lang nicht mehr abschütteln. Das Einzige, was man tun kann: Man kann sie sich selber einigermaßen bewusstmachen, so dass man nicht mehr unbewusst darunter leidet, sondern ein Leben lang bewusst darunter leidet. Man versucht zwar immer wieder, richtig zu leben und zu handeln. Und man stellt mit Wut und Trauer immer wieder fest, dass das nicht gelingt. Das heißt, man bleibt fremdbestimmt. Man durchschaut diese Fremdbestimmtheit und kämpft dagegen an, mit mehr oder weniger Erfolg.

Ich staune stets wieder darüber, dass ich stets wieder die gleichen Fehler mache. Als ob mein Leben von einem übermächtigen Verhaltensmuster bestimmt würde, gegen das ich mit meiner Vernunft nur in Ausnahmefällen ankomme. Ich erschrecke über diese meine Ohnmacht.

Aber eben nicht nur. Fast scheint es mir, als ob ich eine Lust aus meiner Unterwerfung unter dieses Fremdbestimmtsein beziehen würde. Eine masochistische, perverse Lust zwar, aber doch eine Lust.

Und dann begehre ich wieder auf. Ich nehme dafür die Hilfe von Nikotin und Alkohol in Anspruch, betrinke mich bis tief in die Nacht hinein und wüte gegen die Gefängnismauern an, die mich umgeben. Am andern Tag habe ich dann alle Mühe, die einzelnen Teile, in die ich mich zersprengt habe, einzusammeln und wieder zusammenzufügen.

Solche nächtlichen Eskapaden haben in den letzten Jahren nachgelassen. Aber nicht, weil ich vernünftiger geworden wäre. Sondern weil mir die Kraft fehlt.

Ich weiß, dass es nicht nur mir so geht. Es ist vielen meiner Kollegen, von denen die meisten schon tot sind, so gegangen.

Ich frage mich wieder einmal, warum ich noch lebe. Die Antwort: Weil ich 35 Jahre lang eine Frau gehabt habe, die ich geliebt habe und die mich geliebt hat.

Zweitens haben mir meine Kinder geholfen. Kinder sind die tolerantesten, verständnisvollsten Menschen, wenn man sie liebt.

Drittens hat mir meine Psychoanalyse geholfen. Der Versuch, mich selbst zu erkennen, hat mich so weit befreit, dass ich immer wieder versuche, mich selbst zu erkennen.

Viertens habe ich während der Psychoanalyse gelernt, entschlossen zu schreiben. Am Beispiel meines eigenen Lebens hatte ich einen ungemein spannenden Erzählstoff.

Ich mache im sogenannt realen Leben immer wieder die gröbsten Fehler. Ich bin und bleibe wohl das, was man einen unmöglichen Menschen nennt. Als A. noch bei mir war, war das nicht so schlimm. Sie hat mein Leben organisiert.

Seit A. tot ist, verhalte ich mich ruhig. Ich bewege mich nur noch auf vertrauten Fährten. Die Dreizimmerwohnung in Basel habe ich nicht verändert. So kann ich keine Fehler machen.

Ich behaupte, dass ich beim Schreiben nur wenige Fehler gemacht habe.

Selbstverständlich weiß ich, dass dies ein dummer Satz ist. Denn Fehler gibt es beim Schreiben nicht, oder höchstens für den Deutschlehrer. Der Begriff des Fehlers setzt voraus, dass man etwas richtig oder falsch machen kann. Dass jemand da ist, der entscheidet, ob etwas richtig oder falsch gemacht ist.

Aber wer möchte ein richtig geschriebenes Buch schreiben, wer möchte es lesen? Richtig geschrieben heißt in der Literatur stinklangweilig.

Gute Literatur ist die, die Fehler macht, indem sie von der Norm abweicht. Gute Literatur ist stets eine Erfindung. Wer etwas erfindet, stellt der Norm etwas Neues entgegen. Insofern ist gute Literatur stets ein Fehler.

Man sagt, Papier sei geduldig. Dieser Satz ist richtig. Man kann jedes Wort, das man will, auf ein Stück Papier schreiben. Es redet da niemand drein. Erst wenn man das, was man aufgeschrieben hat, veröffentlicht, regt sich eventuell Widerspruch. Aber dieser Widerspruch kann an dem, was man aufgeschrieben hat, nichts mehr ändern. Geschrieben ist geschrieben.

Basel, 22. 5. 2008

Traum

Ein altes Bauernhaus, verwahrlost, ich gehe nur selten hin. Einmal sehe ich, wie sich etwas bewegt unter dem Boden. Drei wunderschöne, junge Katzen kommen hervor, sie schnurren. Sie haben überlebt.

Das ist ein Traum, den ich immer wieder habe. Er ist sehr ähnlich dem Traum von den Nilpferden. Wieder ist es unser Haus im Elsass.

Die schönste Katzengeschichte, die ich kenne, ist die von Friedrich Glausers Sterben.

Als Glauser Ende 1938 in Nervi bei Genua war und nur noch wenige Tage zu leben hatte, ging er am Morgen jeweils ans Meer. Dort ist ihm eine junge Katze nachgelaufen. Er hat sie mitgenommen.

Am 6. Dezember fiel er ins Koma. Martha Ringier, eine Freundin, berichtet: »An die Brust des Sterbenden schmiegte sich die junge Katze, die er einige Wochen zuvor am Strand aufgelesen hatte. Sie hatte sich unter den Pullover verkrochen und ausgeharrt, bis das Herz ihres Herrn und Beschützers aufhörte zu schlagen.«

Berthe Bendel, die er am 7. Dezember hatte heiraten wollen, reiste mit seiner Urne und der Katze in die Schweiz zurück.

Vorgestern habe ich mir in Fribourg eine Premiere meines Stücks *Sennentuntschi* angeschaut. Eine Off-Produktion, die im August an das Theaterfestival Frings in New York eingeladen ist. Sie hat mir sehr gut gefallen.

Ich habe das *Sennentuntschi* 1969 geschrieben, innerhalb einer Woche. Ich erinnere mich, wie ich jeweils bis vierzehn Uhr auf Proben im Basler Theater war. Wie ich mit dem Rad zum Spitzwald gefahren und ins elsässische Neuwiller gewandert bin und mir dabei die nächsten Szenen ausgedacht habe. Die habe ich dann in meiner Schreibmansarde ins Heft geschrieben, unerbittlich entschlossen, wie man es nur in jungen Jahren ist.

Vorgestern in Fribourg habe ich gesehen, dass das Stück diese Unerbittlichkeit bis heute bewahrt hat. Es ist noch immer eine Provokation. Darauf bin ich stolz.

Basel, 24. 5. 2008

Vorgestern habe ich in Matthyas Jennys Buchhandlung vorgelesen und diskutiert. Anschließend habe ich mit einem befreundeten Buchhändler von 74 Jahren eine Kneipentour gemacht. Gegen Mitternacht waren wir in der Rio Bar, anschließend im Kleinbasler Klingenthal. Das war heiter und fidel. Mit dem Trinken habe ich mich zurückgehalten, mit dem Rauchen leider nicht.

Gestern Morgen dann, als ich erwachte, habe ich mich gefühlt wie im Straßengraben. Heute versuche ich wieder einmal, den Tag ohne Zigaretten zu verbringen. Einfach deshalb, weil mich beim ersten Zug ein Hustenanfall packen würde.

Heute Morgen habe ich im Allschwiler Wald den ersten Pirol des Jahres gehört.

Basel, 28. 5. 2008

Ich bin bei einem Herzspezialisten gewesen. Er hat eine Ultraschall-Untersuchung gemacht. Er ist der Meinung, dass meine Aorta etwas vergrößert sei, er will sie sich alle zwei Jahre anschauen.

Wir haben gemeinsam auf dem Bildschirm mein Herz schlagen sehen, unermüdlich, pausenlos.

III

Basel, 30. 5. 2008

Wasserfrau und Seeforelle

Mein älterer Bruder behauptet, es sei 1948 gewesen. Vor sechzig Jahren also, als ich zehn war. Drei Jahre nach dem Krieg. Es gab damals einen Verein für Ferienwohnungen. Wir waren Mitglied und haben Jahr für Jahr einen dicken Katalog zugeschickt bekommen. Darin waren die Wohnungen beschrieben, mit einem kleinen Foto daneben. Wir waren schon in Weggis gewesen, in Ennetmoos und in Lungern.

Wir haben den Katalog Abend für Abend durchgeblättert und gestaunt, was es da alles für Wohnungen gab. Entschieden hat wie immer der Vater, nach folgenden Kriterien: Der Ort musste in wenigen Zugstunden erreichbar sein. Graubünden und Wallis kamen daher nicht in Frage. Zweitens musste die Wohnung billig sein. Drittens musste sie an einem See liegen, damit wir Buben fischen konnten. Die Wahl fiel auf Iseltwald am Brienzersee.

An die Anreise erinnere ich mich nur noch dunkel. In Interlaken sind wir in ein Schiff gestiegen. Das weiß ich noch, weil wir viel zu schleppen hatten und Vater partout keinen Gepäckträger bezahlen wollte.

Die Wohnung war in einem Chalet mitten in Iseltwald. Über uns hatte sich die Familie eines Schlossermeisters aus Bern einlogiert, der ein Auto hatte. Zudem besaß er das Patent zum Fischen mit lebendem Köder, vom Schiff aus. Er ist jeden Morgen mit dem Motorboot zum nahen Giessbach gefahren und am Nachmittag mit einem Sack voll Barsche zurückgekommen, die man in der Schweiz Eglis nennt. Ich vermute, dass sich diese Familie zwei Wochen lang von Eglis ernährt hat.

Wir Buben haben mindestens so verbissen gefischt wie der Schlosser. Mein Bruder hatte ein halbes Jahr gespart für eine Rute, die er in einem Warenhauskatalog gesehen hatte. Tonkin-Holz, sechsfach verleimt. Eine exotische Schönheit, die jeden zappelnden Raubfisch abzufedern versprach.

Gefangen haben wir wenig. Ab und zu ein Hasli, ein kleines Egli. Aber das war uns egal. Wir lagen auf der Lauer wie die Bären in Alaska.

Gebadet haben wir selten, es war nicht heiß genug. Am Nachmittag sind wir meist in die Heidelbeeren gegangen, im Wald über dem See. Wir haben große Kübel voll heimgetragen, mit blauen Zähnen.

Einmal hat Vater ein Boot gemietet und ist mit uns zum Giessbach gefahren. Er ist flott vorangekommen, der Wind hat uns geschoben. Auf dem Rückweg war Gegenwind, Vater hat gerudert bis zur Erschöpfung. Es hat schon gedämmert, als wir den Hafen erreichten.

Eines Morgens früh hat Vater gesagt, wir sollten jetzt nicht fischen gehen, sondern mit ihm den Hang hochlaufen. Wir sind mitgegangen, samt der Schwester. Der Berg steigt dort sehr steil an, bis zum Faulhorn hinauf auf 2681 Meter. Das sind über 2100 Meter Höhendifferenz. Wir hatten keinen richtigen Proviant dabei, wir haben gedacht, wir seien um Mittag zurück.

Wir sind immer weiter hochgestiegen. Einmal sind wir zu einer Alphütte gekommen. Der Senn hat uns aus breiten Holzlöffeln zu trinken gegeben, so viel wir wollten. Ein saures Getränk, Molke vermutlich.

Oben auf dem Faulhorn gab es Suppe, Hörnli und für jedes ein Spiegelei. Das war sensationell, so hat Vater sonst nie über die Schnur gehauen.

Es war bereits dunkel, als wir wieder unten am See waren. Und meine Mutter hat mit Vater geschimpft. Das hat sie sonst nie getan.

Einmal, an einem stillen Nachmittag, als der See ruhig wie hellgrüne Seide lag, hat mein Bruder einen roten Egli-Löffel an den Faden gehängt und von der Kaimauer bei der Schiffsstation ausgeworfen. Das war zwar verboten, wir hatten kein Patent fürs Löffeln. Aber einmal wollte er die sechsfach verleimte Wurfrute richtig ausprobieren. Und tatsächlich, der Löffel pfiff unglaublich weit hinaus, bevor er eintauchte.

Ich schaute zu, wie mein Bruder die Schnur einholte und aufs Neue auswarf. Rein sportlich tat er das. Es war klar, dass zu dieser ruhigen Stunde kein Fisch anbeißen würde.

Plötzlich schlug die Rute an und bog sich zum Halbkreis, als hätte sich der Angelhaken in einem treibenden Baumstamm verhakt. Mein Bruder wartete gespannt, behutsam, er wollte den Faden nicht zerreißen. Dann sahen wir, wie sich die Schnur zitternd durchs Wasser verschob. Das war kein Baumstamm, das war ein Fisch, der daran riss.

Wir dachten an ein großes Egli. Oder an einen Hecht. Die Kurbel brachte nichts mehr. Wir holten den Faden mit den Händen ein, aber immer noch über die Rute. Und tatsächlich, sie federte die Schläge ab.

Dann tauchte der Fisch aus dem dunklen Wasser auf, mit aufgesperrtem Maul, in dem der Haken steckte. Ein Aufblitzen des Bauches, ein Peitschen des Schwanzes, aber der Angelhaken saß fest.

Es war eine ausgewachsene Seeforelle. Das sahen wir beide sogleich, obschon wir noch nie eine lebendige Seeforelle gesehen hatten.

Wir waren fast gelähmt vor Schreck, wir erschraken über die unglaubliche Schönheit, die wir dem Wasser entrissen.

Dann wollte der Bruder den Fisch auf die Kaimauer hochziehen. Aber das ließ das Tier nicht zu. Es peitschte zwei-, dreimal mit dem Schwanz, dann hatte es sich losgerissen. Es platschte auf die Steine, die am Fuß der Mauer lagen, hüpfte hin und her, fiel endlich ins Wasser und verschwand.

Ich rannte zu unserer Wohnung, um Meldung zu erstatten. Dort entspann sich folgender Dialog:

Ich: Eine Seeforelle, eine Seeforelle!

Vater: Wo?

Ich: Sie ist ab.

Vater: Du dummer Cheib.

Inzwischen weiß ich, dass man einen solchen Fisch nicht mit der Rute aus dem Wasser bringt, selbst wenn sie sechsfach verleimt ist. Man braucht einen Kescher dazu.

Wie lang der Fisch war? Das verrate ich nicht, weil mir niemand glauben würde.

Mein Bruder hat mir kürzlich erzählt, dass jemand eine neunzig Zentimeter lange Seeforelle aus dem Walensee gezogen habe. Er habe sie mit eigenen Augen gesehen.

So lang war unsere nicht. Aber sie war unfassbar schön.

Das Schönste an Iseltwald sind die alten Holzhäuser. Offenbar ist man hier stolz auf die eigene Tradition, sonst hätte man nicht so gut achtgegeben auf die alten Bauten.

Die tragenden Querbalken der Fassaden sind alle verziert, mit Pflanzenornamenten, wie es scheint. Wer aber genau hinschaut, sieht etwas anderes. Es ist die doppelschwänzige Seejungfrau, die hier in die Querbalken gehauen ist. Die Urmutter mit gespreizten Beinen. Was zwischen den beiden Schwänzen aufblüht, ist mitnichten eine Blume. Vielmehr ist es die weibliche Vulva.

Die Entwicklung ist an mehreren Fassaden ablesbar. An zweien ist die Wasserjungfrau noch knapp, aber doch genau erkennbar. An den jüngeren Fassaden kaum mehr. Und bei den neuen Holzhäusern würde niemand mehr darauf kommen, dass eine heidnische Gottheit abgebildet sei. Am wenigsten wohl die Zimmerleute, die kleine, würfelförmige Ornamente in die Balken gefräst haben. Immerhin, ganz haben sie den alten Brauch noch nicht aufgegeben. Und so ist die Wasserfrau noch immer da, wenn auch nicht mehr erkennbar. Es ist die Göttin, die über die Fische wacht, aber auch über die Fischer und Fischerinnen. Und über die Buben, die gern eine Seeforelle hätten.

Der Kater

Wir haben immer eine Katze gehabt. Entweder lief uns eine zu, oder wir holten uns, wenn eine auf der Straße vorn totgefahren worden war, beim Bauern eine neue, junge.

Meist hatten wir Männchen, Kater. Mit einer Ausnahme. Da haben wir nicht aufgepasst, als sie uns zulief. Als dann eines Tages sechs winzige Kätzchen unter dem Kaninchenstall hervorkullerten, war es zu spät. Wir hatten alle Mühe, sie an einem guten Ort unterzubringen.

Damals gab es in unserer Gegend nur Ein- und Zweifamilienhäuser. Meist wohnten die Besitzer darin. Auch ein sogenannt einfacher Arbeiter konnte sich, wenn er gespart hatte, ein Haus kaufen. Alle hatten einen Gemüsegarten mit Kartoffeln, Karotten und Kohl.

In jedem zweiten Haus wohnte eine Katze. Die liefen frei herum und bettelten vor fremden Küchenfenstern.

Meine Mutter hat nie viel Aufhebens gemacht um eine Katze, auch um unsere nicht. Sie nahm sie nie auf den Schoß, um sie zu streicheln. Vater dagegen schon. Er strahlte dabei, als ob er der größte Charmeur wäre. Das war er aber nicht. Er konnte ganz schön herumtoben, wenn es ihm passte.

Meine Mutter hat jede Katze, die ihr begegnete, freundlich gegrüßt. Sie hat sich aber nie eingemischt in ein Katzenleben. Sie hat jedem Büsi seinen Willen und seine Würde gelassen, genau wie uns Kindern.

Ich habe nie eine erzieherische Absicht bemerkt bei meiner Mutter. Die wenigen Male, als sie versuchte, mir mit dem Teppichklopfer den Hintern zu versohlen, hatte ich Mitleid mit ihr. Denn sie litt mehr als ich, das war deutlich zu spüren. Also habe ich versucht, ihr die Schmach, ihren eigenen Sohn verprügeln zu müssen, zu ersparen.

Am schönsten war es, wenn ich ihr in der Küche helfen durfte. Bohnen abfädeln, Kartoffeln schälen, die Taschentücher, die sie bügelte, zusammenlegen. In diesen Momenten war alles in Ordnung. Ich habe ihr erzählt, von Kameraden aus der Schule, von Mädchen, die mir gefielen. Sie hat voller Interesse zugehört, mit langsamen, genauen Bewegungen.

In den Nächten nach Neujahr haben sich draußen die Katzen zur Katzenmusik versammelt. Sie schienen von weit her zu kommen, um gegen Kälte, Schnee und Nebel anzuheulen. Das klang so ungeahnt fremdartig, dass man es fast mit der Angst zu tun bekam. Es war mir lange unvorstellbar, dass unser Kater auch mitheulen könnte. Aber er hat mitgeheult, ich habe ihn einmal gesehen. Er lag geduckt auf dem Boden, mit flachen Ohren, reglos. Seiner Kehle entrangen sich Töne, die ich ihm nie und nimmer zugetraut hätte, hoch wie von einem Kind, unerklärbar. Ich habe ihm leise etwas zugerufen. Aber er hat nicht auf mich geachtet. Er war konzentriert auf ein anderes Tier, das einige Meter entfernt ebenfalls auf den Boden geduckt lag. Auch seiner Kehle entrang sich ein seltsam hohes Singen. Da habe ich gemerkt, dass die beiden Tiere an etwas hingegeben waren, was mich nichts anging.

Dieses befremdende Singen hat mich noch lange beschäftigt. Ich habe mit Mutter darüber geredet. Sie hat gesagt, es seien eben noch immer wilde Tiere, auch wenn sie bei uns Menschen höflich schnurrten. Katzen hätten nicht nur ein einziges Leben, sondern sieben. Sie seien aus dem fernen Ägypten hergekommen, wo die Pharaonen begraben lägen. Sie seien zu uns gewandert, weil es bei uns kühler sei als in der Wüste. Aber noch immer würden sie sich ans Niltal erinnern und sich bei jeder Gelegenheit auf ein sonnenbeschienenes Plätzchen legen, um sich das Fell zu wärmen. Sie seien unsere Gäste. Ich solle nie unhöflich sein zu ihnen und sie ja nie schlagen. Stets solle ich daran denken, dass jeder Besuch einer Katze eine Ehre sei.

Eine Katze war also ein fremder Gast, wild, unfromm, irgendwie unchristlich.

Gefüttert haben wir sie mit Essensresten und vor allem mit Milch, die wir beim Bauern holten. Fleisch aßen wir selber nur wenig. Die Kaninchen, die wir hatten, mussten für die Festtage herhalten.

Es gab eine Ausnahme. Am Heiligen Abend, wenn die Geschenke ausgepackt waren, bekam unsere Katze eine Wurst.

Wir hatten jede Weihnacht in der Stube einen geschmückten Tannenbaum. Eine Weißtanne, die in einem viereckigen, grün bemalten Halter stand. Dieses gusseiserne Stück war eine der Kostbarkeiten unseres Haushalts. Es war verziert mit ebenfalls grün bemalten Tannenzapfen, ein offensichtliches Kunstwerk, auf das wir stolz waren.

Am Nachmittag von Heiligabend sind wir mit Vater in den Wald hochgegangen. Meist lag Schnee, und wir Kinder hatten irgendwelche Ausreden bereit, um nicht mitgehen zu müssen. Doch nach einer halben Stunde waren wir froh, mitgekommen zu sein. Wir haben stets den gleichen Weg genommen. Erst hinauf durchs Villenviertel, wo die Fabrikbesitzer mit ihren großen Hunden wohnten. Über das Feld am Kastanienbaum vorbei, aus dessen Krone im September die glänzend braunen Kugeln fielen. Oben auf der Höhe über den Lindenplatz, wo Anfang Juli das Kinderfest stattfand. Rechts lag der Hirschpark, dahinter der Friedhof. Dann ging es durch den Wald zum Hohen Markstein hinauf. Immer hing Nebel in den leeren Buchen oben.

Wir haben nie viel geredet auf diesen Spaziergängen, mit Vater konnte man das nicht. Aber wir sind zusammengerückt beim Gehen, wir haben uns als Familie gefühlt.

Zu Hause haben wir im Gang draußen gewartet, bis Mutter rief, das Christkind habe den Tannenbaum gebracht, wir könnten hereinkommen. Obwohl wir schon bald lachten über dieses Märchen, war uns doch feierlich zumute, wenn wir die Stube betraten und den weiß gedeckten Tisch sahen, daneben die Tanne mit den brennenden Kerzen.

Erst haben wir gesungen. *Stille Nacht, O du fröhliche, Ihr Kinderlein kommet.* Mehr konnten wir nicht. Aber das Singen hat uns gefallen. Wir haben sonst nie zusammen gesungen.

Anschließend war Bescherung. Wir Kinder wussten schon lange im Voraus, was wir geschenkt bekamen. Es waren Dinge, die wir ohnehin bekommen hätten, da wir sie brauchten. Aber ein Schulranzen oder das erste Paar Skier sah im Lichte der Kerzen überraschend feierlich aus.

Unserem Vater haben wir nie etwas geschenkt. Wir hätten schlicht nicht gewusst was, er hat uns ein Leben lang seine Wünsche verschwiegen. Für Mutter hatten wir immer etwas. Entweder hatten wir für ein Brotmesser gespart oder für einen Dampfkoch-topf.

Dann gab's für den Kater die Wurst. Er hat sie gepackt und ist damit unter das Sofa verschwun-den. Dort hat er sie knurrend gefressen.

Anschließend trug Mutter das Kaninchen mit Kartoffelstock auf.

Neben dem alljährlichen Kinderfest war die Weih-nacht das schönste Fest meiner Kindheit. Es war jedes Jahr gleich, es lief ab wie ein Ritual. Wir wa-ren zwar nie sehr christlich gestimmt, wir haben nie miteinander gebetet. Aber die Botschaft von Weih-nachten habe ich schon früh verstanden: Die Familie sitzt feierlich beisammen. Man beschenkt sich. Und irgendwann vor vielen hundert Jahren ist in Beth-lehem ein Kind geboren worden, das gesagt hat, Liebe sei die einzige Kraft, die den Menschen hel-fen könne.

In jenem Jahr, als ich achtzehn Jahre alt wurde, ist wenige Tage vor Weihnachten meine Mutter gestor-ben. Ich habe damals das Gymnasium in der Kan-tonshauptstadt besucht. Es war ein Montagmorgen, ich wurde aus der Stunde geklopft. Da wusste ich, dass sie tot war.

Ich bin zum Bahnhof gegangen und in den Zug gestiegen, der mich nach Hause brachte. Das Aaretal lag wie immer um diese Jahreszeit unter Nebel. Er stieg Anfang November aus dem Fluss auf und blieb bis in den März hängen über dem Land. Wer in diesen vier Monaten die Sonne zu Gesicht bekommen wollte, musste auf die Jurahöhen hinaufsteigen. Der Nebel hat abgefärbt auf die Menschen, er hat sie bleich und schwermütig gemacht.

So saß ich in jener Eisenbahn, bleich und schwermütig und verzweifelt. Denn ich wusste, dass Mutter nicht mehr hatte leben wollen. Die Frau des Hausmeisters, die mich aus der Stunde geklopft hatte, sagte zwar bloß, meine Mutter sei krank. Aber mir war die Wahrheit klar.

Sie war schon lange krank gewesen, das wäre kein Grund gewesen, mich heimzuholen. Zudem hatte ich den ganzen Morgen gespürt, dass etwas nicht in Ordnung war.

Ich bin durch mein Heimatstädtchen gegangen, das mir auf einen Schlag fremd geworden war. Alles lag wie hinter Glas. Der Bahnhofsplatz mit dem Wetterhäuschen, wo die Rentner die Wetteraussichten studierten, obschon sie wussten, dass der Nebel hängenbleiben würde. Dann ins Städtchen hinein zur Postlinde. Am Café Haas vorbei mit den großen Wandspiegeln, wo die besseren Damen Kaffee aus Porzellantassen tranken. Links der Kirchturm mit den mächtigen Stützmauern und den Glocken oben, deren Läuten man bis zum Hohen Markstein hinauf hörte. Durch die alte Markthalle, wo Herr Spizzi heiße Maroni anbot. Er kannte mich, da er jeweils schon früh am Morgen, wenn ich an ihm vorbei zum Bahnhof rannte, seinen Röstofen einfeuerte. An jenem Vormittag hat er mich erstaunt gegrüßt, das weiß ich noch, er hat mich um diese Zeit nicht erwartet.

Über der Markthalle war der Raum, wo ich in den Kindergarten gegangen war und Tante Lisa uns die Geschichten aus dem Alten Testament erzählt hatte, von Joseph und seinen Brüdern. Wie Joseph vorgesorgt hatte in den sieben fetten Jahren für die sieben mageren Jahre.

Ich ging über den großen Platz, wo an jedem Monatsmarkt zweihundert Kühe zum Verkauf standen. In der Mitte der Brunnen mit dem alten Schultheißen obendrauf, der bei Sempach gegen die Eidgenossen gekämpft und sich sterbend das Stadtbanner in den Mund gestopft hatte, um es zu retten. Dann verließ ich das Städtchen und ging über die Schützenwiese.

Ich kam am alten Friedhof vorbei, an dessen Mauer im Sommer die Rosen blühten. Ich stieg die Straße hinan, die durch den Wald ins Nachbartal führte. Es lag wenig Schnee, die Fahrbahn war aper. Oben im Wald, dachte ich, waren die Wege vermutlich verschneit. Aber wohl nicht hoch genug, um mit dem Schlitten hinunterzufahren. Vielleicht würde es schneien über Weihnachten, vielleicht könnte man es wieder einmal wagen. Hinaufsteigen auf die Anhöhe eine halbe Stunde lang, drei, vier Schlitten zusammenhängen und hinuntersausen bis vor unser Haus. Aber dann merkte ich, dass ich meine Jugend verloren hatte.

Diese Weihnacht hatten wir keinen Tannenbaum in der Stube stehen. Ich erinnere mich zwar nicht mehr genau. Aber was hätten wir mit brennenden Kerzen anfangen sollen? Was für Lieder hätten wir singen können? Ein Kaninchen haben wir wohl auch nicht gegessen. Vermutlich hat die Schwester etwas gekocht, und wir haben es schweigend verzehrt.

Reden konnten wir nur noch mit dem Kater. Er wird seine Wurst bekommen und unter dem Sofa geknurrt haben, als hätte er im Urwald eine Beute geschlagen. Es war ein schwarzer Kater mit einem weißen Fleck am Hals.

Nach dem Essen haben wir uns aufgemacht zum Grab auf dem Friedhof, wo wir zwei Tage zuvor den Leichnam beerdigt hatten. An diesen Aufstieg auf den nächtlichen Hügel erinnere ich mich noch genau, ich werde ihn nie vergessen. Es schneite leicht auf den gefrorenen Boden. Wir sind die Mauer des alten Friedhofs entlanggegangen. Ein paarmal schimmerte ein Fenster auf, schwach im fremden Kerzenschein. Die Villen standen ruhig und dunkel, kein Hund bellte, nichts regte sich. Das war nicht außergewöhnlich, in diesen Häusern hat sich nie etwas bewegt.

Wir gingen nebeneinander, in einer Reihe. Wir stiegen schnell hinan, es war sehr kalt. Gesprochen haben wir noch immer nicht. Einmal habe ich überlegt, ob ich Vater einhängen sollte. Ich tat es nicht, er war mir zu fremd.

Bei der dritten Villa saß auf der Mauer, die den Park gegen die Straße hin abstützte, unser Kater. Ich habe ihn schon von weitem gesehen, ich habe ihn am weißen Fleck erkannt. Das war kaum zu glauben, er hat sonst nie jemanden von uns begleitet. Gewiss kannte er die Umgebung unseres Hauses. Aber nie hätte ich es für möglich gehalten, dass er sich bis auf diesen Hügel vorwagen könnte.

Da saß er nun, ruhig schaute er uns entgegen. Als wir auf seiner Höhe waren, erhob er sich, dehnte den Rücken, maunzte kurz und stellte den Schwanz hoch. Er schnurrte, aber streicheln ließ er sich nicht. Er trippelte mit uns mit, oben auf der Mauer, mit höflicher Zurückhaltung. Er begleitete uns bis zum letzten Haus. Dort blieb er zurück.

Wir sind weitergegangen, wir konnten ihn nicht

gut mitnehmen. Er hätte sich nicht einfangen lassen, das habe ich gleich gemerkt. Er wollte ein Stück weit mitkommen auf unserem Trauerweg, das war alles.

Die Blumen auf dem Grab oben waren fast alle erfroren, außer den Astern. Jemand hatte einen Tannenzweig hingelegt. Die Schwester holte eine Kerze aus der Tasche und klemmte den Kerzenhalter fest. Dann zündete sie die Kerze an. Wir schauten zu, wie die Flamme zitterte im schwachen Wind.

Auf dem Rückweg haben wir wohl alle an unseren Kater gedacht. Ob er auf uns wartete? Ob er mit uns heimkommen würde? Im Grunde war er Mutters Kater gewesen, sie hatte sich um ihn gekümmert, obschon das nicht groß aufgefallen war.

Er war nicht mehr da beim ersten Haus. Er saß auch nicht vor der Haustür, als wir heimkamen. Er blieb verschwunden, ich habe ihn nie mehr gesehen.

Basel, 11. 12. 2008

Meine Mansarden

Mit zwanzig Jahren bin ich von Zofingen nach Basel gezogen, um an der Uni zu studieren. Ich habe eine Mansarde gleich gegenüber vom Bernoullianum gemietet, mit einem kleinen Fenster auf Fußbodenhöhe. Gegessen habe ich im Uni-Café, am Mittag Suppe oder Birchermüsli, am Abend Wurst mit Brot auf einer Bank am Rhein unten. Geredet habe ich mit niemandem außer mit einer Studentin aus Deutschland, welche die Mansarde nebenan gemietet hatte. Sie hatte Wahnvorstellungen. Sie hörte Stimmen, die sie mitten in der Nacht aufforderten, nach Israel zu fahren und mitzuhelfen, den jungen Staat aufzubauen.

Ich habe sie zu beruhigen versucht, so gut ich konnte. Es hat nichts genützt. Sie ist von ihren Eltern heimgeholt worden, in Begleitung eines Arztes. Ich habe nie mehr etwas von ihr gehört.

An den Abenden bin ich herumgezogen, um den Barfüßerplatz herum. Besonders im Winter, wenn es in der Mansarde zu kalt war. Ich habe während des Studiums bestimmt ein Dutzend Mansarden bewohnt, keine hatte eine Heizung. Ich saß in der Rio Bar, in der Bodega und in der Seibi Bar oben im ersten Stock. Hier gab es einige richtige Existenzialisten, die ich grenzenlos bewunderte. Ich hatte nur wenig Geld, zwei Bier pro Abend mussten genügen.

Was an der Uni zu tun war, habe ich getan. Es lehrten da ein paar Weltklasse-Professoren. Walter Muschg, Werner Kaegi, Wolfram von den Steinen, Karl Jaspers, Hans Kunz. Ich habe ihnen genau zugehört und viel gelernt.

Meine besten Professoren aber saßen in der Rio

Bar. Sie hießen Noldi Rüdlinger, Hennes Schäublin, Jürg Federspiel und Dieter Roth. Ich war schüchtern und habe kaum den Mund aufgemacht. Trotzdem ließen mich diese Herren an ihrem Tisch sitzen, wenn sie über Literatur und Kunst stritten. Manchmal haben sie mich gefragt, was ich mit meinem Leben vorhabe.

Für mich war Basel eine Großstadt. Alles war da, was ich gesucht hatte. Professoren, die mich in die neue Literatur einführten, in Psychologie und Philosophie. Egon Karters Komödie, die Brecht und Beckett spielte. Das Kunstmuseum, wo moderne Bilder von Weltrang hingen. Die Kunsthalle, wo Noldi Rüdlinger amerikanische Zeitgenossen zeigte. Das uralte Münster, in dem auf einer Relieftafel aus dem 12. Jahrhundert der heilige Vinzenz geröstet wurde. Eine lebendige Künstlerszene mit richtigen Künstlern, die mir vormachten, wie man Literatur und Kunst produziert. Und ein Jazz-Lokal namens Atlantis, wo eine Lady namens Elsi den Blues sang.

Ich habe Augen und Ohren aufgemacht. Und ich habe Gleichgesinnte getroffen. Da ich an meiner Zofinger Mundart festhielt, hatte ich es manchmal schwer, akzeptiert zu werden. Es waren auch ein paar Idioten darunter, die sich weiß der Teufel was auf ihren Basler Dialekt einbildeten. Aber mit den guten Leuten hatte ich keine Probleme.

Einige davon sind weggetaucht in den Alkohol. Heinz Grossenbacher zum Beispiel, der sich in französischer Lyrik bestens auskannte. Oder Manfred Gilgien, der bei Matthyas Jenny seinen großartigen *Straßentango* veröffentlicht hat.

Später sind wir eine literarische Gruppe geworden. Der aus Bern zugezogene Guido Bachmann, Dieter Fringeli, Christoph Mangold, Werner Schmidli und ich. Ein unzufriedener, gärender Haufen, voller Hassliebe zur alten Druckerstadt Basel, mit Preisen geehrt, aber im Grunde ungern gelitten. Außer Mangold und mir sind inzwischen alle gestorben, samt der verwunschenen Adelheid Duvanel und dem verzauberten Waldtier Hilde Ziegler.

Basel ist schon längst keine Literaturstadt mehr. Man mag hier vor allem die bildende Kunst. Denn die stellt eine Ware her, mit der man unter Umständen Geld verdienen kann. Ansonsten genügt Basel eine Handvoll Schnitzelbänke.

Diese Situation bietet einem zugezogenen Schreiber enorme Vorteile. Will ein Fremder hierbleiben, kann er ohne weiteres ein Fremder bleiben. Er wird nicht in Liebe erdrückt. Er kann die Distanz aufrechterhalten, die er zum Beschreiben seiner Umwelt braucht.

Die größten Qualitäten Basels sind Toleranz und Diskretion. Man lässt leben, was leben will. Man mischt sich nur sehr selten ein, man hält sich zurück. Mir passt das gut. Ich lebe gern hier. Nur manchmal, wenn mich die Wehmut packt, die alte Aargauer Schwermut, gehe ich in die Stadt hinunter und ziehe um den Barfüßerplatz. Meist treffe ich Bekannte, Zugezogene wie ich, die ebenfalls den Blues haben und sich für eine Nacht mit mir zusammentun. Es kann vorkommen, dass ich nach Mitternacht noch die Rio Bar betrete auf der Suche nach meiner Jugend. Dann komme ich mir, inmitten des jungen Gemüses, uralt vor, als Fossil, das sich längst überlebt hat. Manchmal geschieht es indessen, dass ich ins Gespräch komme mit den jungen Leuten, an deren Tisch ich sitze. Wir quasseln los wie vor fünfzig Jahren, eine kurze, intensive Begegnung in der Nacht.

Damals in meiner Studentenzeit bin ich mit meinem Leben so verschwenderisch umgegangen, wie man das nur in der Jugend kann. In den Semesterferien habe ich Geld verdient, dann bin ich per Autostopp ins Ausland abgehauen. Nach Rotterdam, Valencia, Sizilien. Und immer wieder nach Paris. Ich muss einen starken Schutzengel gehabt haben. Ich habe mir alles genau angeschaut, aber im Innern war ich immun, unantastbar.

Zu Semesterbeginn habe ich mir in Basel wieder

eine Mansarde gemietet, meist bei alten Witwen. Die Dachstöcke waren damals noch nicht ausgebaut. In jedem Dachstock gab es drei, vier Mansarden. Die Möblierung bestand aus Bett, Schrank, Tisch und Stuhl, die Toilette befand sich im Treppenhaus eine Etage tiefer. Die Witfrauen waren meist vereinsamt. Sie saßen tagelang allein in ihrer Wohnung und hörten Radio. Fernsehen war noch nicht Allgemeingut. Sie waren froh, wenn sie mich zu einem Käseauflauf einladen und mir ihr Leben erzählen konnten.

Eine Vermieterin in der Fatiostraße hat mit einem Kanarienvogel zusammengelebt, den sie Hansi nannte. Der saß ihr stets auf der linken Schulter und zupfte sie an den Haaren und am linken Ohrläppchen, was ihr gefallen hat. Dann war sie eines Tages unachtsam und hat den Vogel nicht eingesperrt, als sie die Stube gelüftet hat. Hansi ist aus dem offenen Fenster geflogen und nicht wiedergekommen. Die Frau hat tagelang geweint.

Es gab Vermieterinnen, die ich sehr eigenartig fand. Als ich einmal einen Freund, der gerade kein Zimmer hatte, nach einer Beizentour mitnahm in meine Mansarde, haben wir noch an einen Baum gepisst, der vor dem Haus stand. Das wäre in Zofingen völlig normal gewesen. In Basel offenbar nicht. Die Vermieterin ist am anderen Morgen früh in meine Mansarde gekommen, wo ich im Bett und mein Freund auf dem Teppich schliefen, und hat geschrien, das sei eine Sauerei, wir seien wie Hunde. Ich musste meine Sachen gleich zusammenpacken und gehen. Da habe ich gedacht, dass die Baslerinnen spinnen.

Sehr gut hat es mir in Kleinbasel gefallen, in der Maulbeerstraße. Dort war im Erdgeschoss ein Spezereiladen, und im Gang standen ein paar Bierharasse. Wenn ich nach Mitternacht zwei, drei Freunde hochnahm in meine Mansarde, um noch ein bisschen zu reden, hat sich jeder eine Flasche Bier gegriffen, die ich am anderen Morgen bezahlt habe. Der Vermieterin war das recht.

In der Bernoullistraße habe ich bei der Familie Wullschlager ein Zimmer mit aufklappbarem Dachfenster gemietet. Dort hat sich manchmal in der Nacht eine Eule draufgesetzt, die vom nahen Petersplatz herangeflogen kam. In jener Mansarde habe ich meine ersten Theaterstücke geschrieben.

Über ein Jahr bin ich bei der Witwe Oser in der Gundeldingerstraße gewesen, mit Rosshaarmatratze und Küchenbenützung, Toilette auf dem Gang draußen. Frau Oser war gegen achtzig, als ich einzog. Eine gescheite, lebhafte Frau, die nicht viele Chancen gehabt hatte in ihrem Leben. Ich habe damals vor allem Spiegeleier und Würste gegessen. Die Küche war immer tipptopp aufgeräumt, Teller und Pfannen in Reih und Glied. Wenn ich dabei war, drei Eier in die Pfanne zu schlagen, ist Frau Oser hereingewieselt, hat sich an den Küchentisch gesetzt und erzählt. Sie hatte vielleicht ein Dutzend Geschichten auf Lager. Die hat sie der Reihe nach erzählt, eine nach der andern. Im Laufe der Zeit hat sie ihre Erzählkunst ausgebaut, es sind ihr neue Geschichten eingefallen.

Ein paar Jahre später, als ich ein Tonband gekauft hatte, habe ich mich an sie erinnert. Ich bin zu ihr gegangen, habe das Tonbandgerät auf den Tisch gestellt und sie gefragt, wie es in ihrem Leben gewesen sei. Sie war zuerst voller Argwohn, vor allem dem Tonband gegenüber. Aber dann hat sie Vertrauen gefasst, sie kannte mich ja. Ich bin fünfmal zu ihr gegangen, dann hatte sie ihr Leben zu Ende erzählt. Ich habe alles, was auf dem Tonband war, aufgeschrieben, auf Hochdeutsch, versteht sich. Meine wenigen Fragen habe ich weggelassen.

Dieser Text ist 1973 bei den Guten Schriften in Basel herausgekommen. Ich habe ein Hörspiel daraus gemacht und ein Theaterstück, das in der Basler Komödie uraufgeführt und in Salzburg und Berlin nachgespielt wurde. Ein Stück grenzüberschreitender Proletarier-Literatur aus Basel, das auch auf

Tschechisch und Chinesisch erschienen ist. Der Text heißt *Die Schlummermutter* und liegt in meinem Erzählband *Ein anderes Land* vor.

Wiederum ein paar Jahre später habe ich zufälligerweise die Besitzerin jenes Hauses in der Gundeldingerstraße getroffen. Wie es Frau Oser gehe, wollte ich wissen. Oje, sagte die Frau, die Witwe Oser ist gestorben.

Sie sei in der Küche hingefallen und habe sich den Oberschenkelhals gebrochen. Im Spital habe sie erklärt, sie wolle nicht mehr in ihre Wohnung zurück. Sie habe nichts mehr gegessen. Als man sie künstlich ernähren wollte, habe sie die Schläuche herausgezogen.

Die schönste Unterkunft, die ich in Basel je hatte, war am Mühlenberg. Ein kleines Märchenhaus, dort, wo die Straße aus der St. Alban-Vorstadt zum Rhein hinunterführt. Es gehörte einer reichen Basler Familie. Eine junge, schöne Frau hat es uns vermietet. Ich hatte das Zimmer im Erdgeschoss, auf die Straße hinaus. Eine Eckbank war darin. Da ich kein Bett besaß, habe ich mir eines aus Dachlatten gezimmert. Im ersten Stock wohnte ein Freund von mir, zusammen mit seiner Freundin. Im zweiten Stock ein älteres Fräulein, das stets Bauchweh hatte und mittags und abends Nudelsuppe aß.

Dieses Haus war das Paradies für uns. Wir haben zusammen gewirtschaftet und gegessen, wir waren zurückhaltend freundlich zu dem alten Fräulein.

Unterhalb des Hauses war ein Garten, der zum Rheinweg hinunterführte. Dort befand sich eine Tür in der Mauer, und man war gleich am Rhein. Im Sommer bin ich oft um Mitternacht hinuntergegangen und ans andere Ufer und zurück geschwommen.

Das Leben hier war angenehm, bis das Fräulein eine Menge Möbel geerbt hat. Es hat sich in den Kopf gesetzt, uns drei hinauszuekeln, das ganze Haus zu mieten, zu möblieren und drei Zimmer zu vermieten. Das ist dem Fräulein gelungen. Ich wundere mich noch heute, warum die junge, schöne Besitzerin auf die griesgrämigen Verleumdungen des Fräuleins hereingefallen ist und uns drei hinausgeworfen hat. Ich habe das als dumm und ungerecht empfunden. Und wieder habe ich mir gedacht, dass die Baslerinnen halt alle ein bisschen spinnen.

Immerhin habe ich damals in jenem Haus, mit 22 Jahren, ernsthaft zu schreiben begonnen. Kurze Prosastücke über das, was ich vor Augen hatte. Die Texte heißen *Mein Zimmer, Der Stuhl, Der Tisch, Die Schublade, Die Bank, Der Vorhang, Die Klingel*. Auch sie sind abgedruckt im Erzählband *Ein anderes Land*.

Es gibt einen Ort in Basel, wo ich in keiner Weise fremd, sondern ganz und gar eingeboren bin. Das ist der Rhein. Mit ihm habe ich mich in jenem ersten Sommersemester sogleich angefreundet. Er hat mich, den Aareschwimmer, aufgenommen wie einen alten Bekannten. Wir sind noch heute befreundet, ich schwimme sommers jeden Morgen in ihm.

Ich staune jedes Mal darüber, dass das alte, stolze Basel seine beiden schönsten Seiten dem Rhein zuwendet. Wer mit dem Auto durch die Stadt fährt, sieht nichts als die Betonröhren der Autobahn. Wer durch Basel schwimmt, sieht zu beiden Seiten des Flusses eine zauberhafte Stadt aufragen, die mich immer wieder an die goldene Stadt Prag erinnert.

IV

Tagebuch
1. Juni 2009 – 13. Juli 2009

Todtnauberg, 1. 6. 2009

Vor drei Tagen bin ich hierhergefahren, um auf 1000 Metern Höhe den Sommer zu verbringen. Ich ertrage die Hitze in Basel nicht mehr.

Ich gehe hier oben immer die gleichen Wege. Ich tue das, um mich nicht entscheiden zu müssen, welchen Weg ich einschlagen soll. So kann ich mich besser meinen Gedanken hingeben.

Neben den Wegen, über die ich gehe, fließen kleine Rinnsale. Regnet es zwei, drei Wochen nicht, trocknen sie aus. In diese Tümpel legen im Frühjahr die Amphibien ihren Laich. Später schlüpfen die Kaulquappen aus. Die wenigsten überleben.

Heute Morgen auf dem Spaziergang habe ich gesehen, dass fast alle diese Rinnsale ausgetrocknet waren. Ich habe mich gewundert, wie großzügig die Amphibien mit ihrem Nachwuchs umgehen müssen.

Dann ist mir ein Traum eingefallen, der mir in der Nacht entwischt ist. Ich hatte das Bild einen Augenblick lang klar vor Augen: Ein winziger, klarer Tümpel, worin es schwarz schwänzelte. Offenbar haben doch einige überlebt in meinem Traum. Ich habe mich gefragt, was aus ihnen werden wird. Kröten, Frösche, Molche? Oder Nilpferde?

Vor einem Monat habe ich zwei Uraufführungen erlebt. Beide im Aargau, wo ich herkomme.

Im Theater Tuchlaube in Aarau wurde ein Ausschnitt aus meinem Roman *Das Wasserzeichen* gespielt. Ein Einpersonenstück, ein Schauspieler und eine Cellistin. Ich hatte nichts mit der Dramatisierung zu tun, war sehr gespannt, wie das aussehen würde. Ich war überrascht, wie gut es geklappt hat. Vor allem war ich vom Publikum überrascht. Es hat gebannt diesem seltsamen Wasserwesen Moses Binswanger zugeschaut, der sich immer wieder in seine Wasserwelt zurückzieht.

Das Theater im Kornhaus in Baden hat mein Stück über Aargauer Sagen gezeigt. Es heißt *Rochholz, die Aare träumt*. Ein Musiker, ein Schauspieler und zwei Schauspielerinnen. Herausgekommen ist ein zauberhafter Theaterabend im vierhundertjährigen Kornhaus an der Limmat. Dort haben während Jahrhunderten die Kornschiffe angelegt. Weiter flussabwärts liegt das uralte Bäderviertel mit dem Limmathof, der Blume und dem Verenahof, der seit Jahren geschlossen ist und langsam in sich zusammenfällt.

Eine durchaus unzeitgemäße Sache also. Das historische Städtchen dämmert vor sich hin, man findet keine einzige Wirtschaft im alten Gemäuer. Und dies, obschon hier jahrhundertelang die eidgenössische Tagsatzung abgehalten wurde, während deren die Bäderhotels gefüllt waren mit Politprominenz und schönen Frauen.

Heute entfaltet sich das Leben oberhalb der Altstadt. Eine sechsspurige Autobahn, eine Hochbrücke über die Limmat, das Hochhaus der *Mittelland Zeitung*, die Fabrikhallen der ehemaligen Brown Boveri & Cie. Terrassenhäuser an den Hängen, alte und neue Villen, die Wirtschaftsmacht Zürich stößt vor in den lieblichen Aargau. Nur gegenüber, in Ennetbaden an der Goldwand, liegt unberührt der alte Rebberg, dessen Wein schon die Herren der Tagsatzung tranken.

Vor Jahren habe ich zu den erfolgreichsten Dramatikern der Deutschschweiz gehört. Ich hatte eine gute Zeit am deutschsprachigen Stadttheater. Ich bin in über einem Dutzend Sprachen nachgespielt worden.

Heute würde es mir nicht mehr in den Sinn kommen, mich mit einem neuen Stück an ein Stadttheater zu wenden. Denn ich weiß, dass ich keine Chance hätte. Selbst im kleinsten Kaff, das sich ein Theater leistet, sitzen drei Dramaturgen mit ihren Dramaturgieassistentinnen. Die warten nur darauf, mir zu erklären, dass ich keine Stücke schreiben kann.

Dieser Unsinn hat angefangen vor rund vierzig Jahren, als die Dramaturgen direkt von der Uni in die Stadttheater marschierten, um fünfzigseitige Programmhefte zu schreiben, die außer ihnen kein Mensch las. Sie machten sich daran, die neuen Stücke mit Änderungswünschen zu zerstören, bis sie unspielbar waren. Dann lehnten sie sie ab.

Ich kenne einige Kollegen, die von diesen Stückeprüfern kaputtgemacht worden sind und aufgehört haben, Stücke zu schreiben. Ich kenne keinen Kollegen, der nicht so denkt wie ich. Nur wagt es fast niemand, dies öffentlich zu sagen, da ja die Stückeprüfer über die Macht der Spielplangestaltung verfügen.

Heutzutage sind nicht mehr die Leute gefragt, die etwas produzieren. Sondern die Leute, die diejenigen, die etwas produzieren, überprüfen. Prüfer ist der Beruf der Stunde. Damit der Prüfer dazu legitimiert ist, zu prüfen, hat er ein höheres Gehalt als der Produzent. Auch darf der Produzent nie den Prüfer prüfen oder gar kritisieren, denn das wäre Majestätsbeleidigung.

Der Prüfer produziert nichts als beschriebenes Papier, das er dem Produzierenden auf den Schreibtisch schaufelt. Würde der Produzierende diese Papierstapel alle lesen, hätte er keine Zeit mehr zum Produzieren. Also wirft er sie in den Papierkorb.

Neben dem Beschreiben von Papier wird vom Prüfer noch eine zweite Fähigkeit verlangt. Er muss ohne Unterbrechung stundenlang reden können. So lange nämlich, bis die Produzierenden, die gezwungen sind, ihm zuzuhören, eingeschlafen sind.

Noch erfolgversprechender ist indessen der Beruf des Prüferprüfers. Er hat die Aufgabe, die Prüfer zu überprüfen. Er muss seinerseits die Schreibtische der Prüfer mit Papierstößen vollschaufeln und ihnen stundenlang die Ohren vollschwatzen, bis auch sie eingeschlafen sind. Selbstverständlich legitimiert der Prüferprüfer seine Machtstellung ebenfalls damit, dass er ein höheres Gehalt bezieht als der gemeine Prüfer.

Todtnauberg, 2. 6. 2009

1968, als Werner Düggelin Intendant wurde, bin ich ans Basler Theater gegangen. Ich war damals ein dreißigjähriger Dr. Phil. 1, meine Freundin A. war schwanger. Düggelin hat mir für zwei Jahre ein kleines Stipendium verschafft. An den theaterfreien Abenden habe ich für die *National-Zeitung* geschrieben. Ich habe mich festgebissen, habe zugeschaut und gierig gelernt. Das Basler Theater war damals eines der besten Theater des deutschen Sprachraums.

Ich habe angefangen, Stücke zu schreiben. *Sennentuntschi*, *Brod und Wein*, *Der Erfinder*. Dann mein erstes Kinderstück *Rotkäppchen spielen*. Alle vier sind vom Chefdramaturgen Hermann Beil abgelehnt worden.

Ich war damals Berichterstatter der *National-Zeitung* für studentische Belange. Ich selber gehörte nicht mehr zu den Studenten, ich war schon über dreißig. Aber die Gedanken und Forderungen der jungen Leute haben mich brennend interessiert. Ich habe Interviews mit ihnen gemacht, habe ihre Auftritte und die Bücher der Reihe rororo aktuell besprochen. Ich bin im Mai 1968 nach Paris gefahren, um über das von den Studenten besetzte Quartier Latin zu schreiben. Ich war ein Befürworter und Verteidiger der neuen Bewegung. Ich weiß, dass ich nie in ein Klischee hineingepasst habe. Auch nicht ins Klischee eines revolutionären Studenten. Ich habe nie nach einer Mode geredet. Selbst wenn ich es gewollt hätte, ich hätte es nicht gekonnt.

Hermann Beil, der zu den bedeutendsten Dramaturgen deutscher Zunge gezählt wird, hat in mir wohl einen neurotischen Bildungsschreiber gesehen, einen entlaufenen Promovierten, unfähig zur Erschaffung einer eigenen Bühnenwelt.

Ich selbst verstehe mich als einen, in dessen Brust tatsächlich zwei Seelen wohnen. Die Seele eines Analytikers. Und die Seele eines manchmal fast atavistisch anmutenden Naiven. Dies ist die Spannung, die ich jetzt schon vierzig Jahre lang schreibend aushalte.

Es ist nicht Brauch, dass ein Stückeschreiber einen Dramaturgen kritisiert. Trotzdem gestatte ich mir ein Urteil über Hermann Beil. Er war, als es Mode war, ein Salon-Revolutionär. Er wird heute, so nehme ich an, ein feinsinniger Theater-Ästhet sein. Er hat kein einziges Mal in seinem Leben ein eigenes Produkt geschaffen. Er hat nur etwas geschafft: Er hat stets die Kurve gekriegt. Er hat sich immer in den richtigen Lift nach oben gesetzt.

Kürzlich hat er mich von Berlin aus gegrüßt, indem er mir über eine Schauspielerin eine Sammlung seiner Theateraufsätze zukommen ließ. Mit freundlicher Widmung, versteht sich. Ich habe das Bändchen in den Mülleimer geworfen.

Meine ersten drei Stücke wurden dann alle am Zürcher Schauspielhaus uraufgeführt. Reto Babst, den ich vom Basler Theater kannte, hat sie Werner Wollenberger gegeben, der dort Dramaturg war. Der hat sie sogleich auf den Spielplan gesetzt.

Das Schauspielhaus Zürich galt damals den Linken als reaktionäres Theater. Dies, obschon sein Intendant Harry Buckwitz, als er noch in Frankfurt war, Brecht aufgeführt hatte.

Werner Wollenberger war der einzige Dramaturg am Haus. Das allein war verdächtig. Wie war es möglich, dachte man, dass ein einziger Prüfer das ganze Schauspielhaus überprüfen sollte? Zudem war Wollenberger nicht nur Prüfer, sondern auch Produzierender und folglich angreifbar. Tatsächlich hat er einige schlimme Texte veröffentlicht, zum Beispiel über demonstrierende Studenten, die er mit Schimpansen verglich. Aber er hat eben auch glänzende Kolumnen und Cabaret-Nummern verfasst.

Ich habe mich wohl gefühlt in seiner Anwesenheit. Überdies waren am Schauspielhaus hervorragende Schauspieler engagiert. Ein Autor braucht ja nicht unbedingt eine politisch korrekte Gesinnung des Hauses, von dem er aufgeführt wird. Die Gesinnung bringt er selber mit.

Ich habe in meiner Zeit am Stadttheater viele gute Schauspielerinnen und Schauspieler kennengelernt.

Einige haben sich als politisch verantwortliche Menschen verstanden, haben viel gelesen und diskutiert. Andere haben sich einen Deut um Gesellschaftspolitik gekümmert. Wieder andere, und auf der Bühne waren sie nicht die schlechtesten, waren privat widerliche reaktionäre Säcke.

Es ist eine relativ neue Erfindung, dass Schauspieler die revolutionäre Speerspitze der Gesellschaft sein sollen. Ich halte die Inbrunst, mit der sich heutzutage viele Schauspieler in ihre Rollen hineinsteigern, als müssten sie das ganze Elend der Welt auf ihren Schultern tragen, für durchaus lächerlich.

Todtnauberg, 3. 6. 2009

Traum
Bin mit A. bei Bobbi Bär in Aarburg. A. ist jung wie damals, als wir uns kennenlernten. Bobbi wohnt in einer alten, gemütlichen Hütte.

Ein einfacher, schöner Traum. Bobbi Bär ist einer meiner langjährigen Freunde.

Ein alter Mann muss nichts mehr erleben. Er lebt in seiner Erinnerung, in seinen Träumen. Die Träume bringen ihm jede Nacht sein früheres Leben als Gegenwart zurück.

Die tatsächliche Situation des hier Träumenden ist folgende: ein Bett in Todtnauberg, eine Nacht Anfang Juni 2009, zwei Uhr morgens. Der Mann ist 71 Jahre alt. Er ist verwitwet und droht zu vereinsamen.

Die geträumte Gegenwart ist folgende: eine Hütte in Aarburg, ein Liebespaar mit einem Freund. Der alte Mann ist wieder jung. Er denkt, dass er eine schöne, liebe Frau hat.

Die geträumte Gegenwart ist im Moment des Träumens präsenter als die tatsächliche Situation des Träumenden. Erwacht der Träumende aus dem Traum, hat er Mühe, sich in der tatsächlichen Situation zurechtzufinden.

Das Aussteigen aus dem Traum in die tatsächliche Situation hinein, und in der Nacht die Rückkehr in den Traum, ist oft mühselig und spannungsgeladen, besonders wenn man zurücksinkt in einen Angsttraum. Sinkt man in einen schönen Traum zurück, überstrahlt diese Schönheit den folgenden Tag.

Aus der Spannung zwischen den beiden Gegenwarten entsteht Literatur.

Man erzählt sich, dass Sterbende im Augenblick des Todes ihr Leben wie einen sehr schnellen Film abrollen sehen. Was auf der persönlichen Festplatte gespeichert ist, spult sich noch einmal ab, zeigt sich zum letzten Mal. Sterben als konzentrierte, finale Erinnerung. Es folgt die Erinnerungslosigkeit, die Ewigkeit.

Ich bin als 21-jähriger mit Bobbi Bär nach Sizilien gereist, auf dem Deck eines Schiffes von Neapel durch die Nacht nach Palermo. Dann per Autostopp zum griechischen Tempel von Segesta.

Eine helle Anhöhe über dem Meer. Ein Fußpfad, das Meckern von Ziegen, sonst nur der Wind. Es war Anfang Oktober, ein scharfes, erbarmungsloses Herbstlicht. Steine, Kräuter und Sträucher, der Duft des Mittelmeers. Dann der Tempel, aufragend wie gewachsen und doch erkennbar errichtet von Menschenhand, tröstlich human in dieser unmenschlich schönen Landschaft. Zwischen den Säulen nur die Luft, das Licht, die Schatten.

Bobbi wollte zurück in den Pinienwald, durch den wir hergekommen waren. Ich stieg ein Stück weiter hinauf zum alten Theater, von dem ich im Führer gelesen hatte. Das Meer unter mir wurde weiter, der Wind heftiger, das Licht weißer. Dann setzte ich mich auf eine der Stufen, die für die Zuschauer bestimmt waren, und schaute auf die Szene hinab. Sie lag im Abendlicht, eine Muschel, die sich zur Bläue des Salzwassers hin öffnete, eine kaum erträgliche Schönheit.

Ich habe nur noch zweimal einen ähnlichen Schönheitsschock erlebt. Einmal zusammen mit A. beim Tempel auf Ägina. Das andere Mal vor den Pyramiden in Giseh.

Als ich zurückging zum Pinienwald, sah ich weit vorn Bobbi mit einem zehnjährigen Jungen reden. Er blickte zurück, winkte mir. Dann verschwand er mit dem Jungen in einem Seitenpfad.

Auch dieses Bild werde ich nie vergessen. Der Weg unter den dunklen Pinien, die Schatten, der Geruch nach Harz. Bobbi, der winkt und lacht.

Beim Seitenpfad angelangt, sah ich fünfzig Meter weiter rechts ein weißes Haus stehen. Ich ging hin und schaute durch die offene Tür. Am Tisch saß Bobbi mit dem Jungen, der ihm einen Krug Wein, Brot und Käse hingestellt hatte. An einer Wand war eine Feuerstelle mit Rauchfang. Die Mauern behängt mit Girlanden roter Peperoncini. In einer Ecke ein breites Bettgestell. Ich setzte mich, aß und trank mit.

Bobbi hat vor rund dreißig Jahren einen Herzinfarkt gehabt. Er lag im Krankenhaus, die Ärzte hatten ihn aufgegeben. Er hat mir vom Lebensfilm erzählt, der vor ihm ablief. Von einem hellen Licht, das ihn aufnehmen wollte.

Ich habe ihn nicht nach Segesta gefragt.

1973 wurde ich, anlässlich der Proben zur deutschen Erstaufführung meines *Erfinders*, zwei Wochen nach Dortmund eingeladen. In jenen Tagen fand in Dortmund ein internationales Kindertheatertreffen statt. Ich besuchte einige Vorstellungen und habe gestaunt. Es waren ein paar holländische Truppen da, die das Kindertheater neu erfunden hatten, gescheite und spielerische Aufführungen voller witzig-frecher Aufklärung für Jung und Alt. Abends habe ich Bier getrunken mit einem jungen Kerl, der das Berliner Grips-Theater mitgegründet hatte und Volker Ludwig hieß. Auch Karl Heinz Braun vom Verlag der Autoren habe ich damals kennengelernt.

Einige Zeit später, als ich mit A. und den fünfjährigen Zwillingen im Emmentaler Stöckli war, das wir ganzjährig gemietet hatten, habe ich es auch versucht. Ich erinnere mich, dass Sommer war. Das Chalet lag auf 800 Metern über Meer. Von der Toilette aus sah man direkt auf Eiger, Mönch und Jungfrau. Das Wasser holten wir vorn am Brunnen. In der Nacht war das Geläute der Herden auf den umliegenden Hügeln zu hören.

Am Morgen blieb ich jeweils im Bett, bis ich den Duft von Kaffee roch. Dann erhob ich mich und setzte mich in die Stube zu meiner Familie, die quietschvergnügt beim Frühstück saß.

A. hat mich verwöhnt. Sie hat mich gemocht,

wenn ich schrieb, noch mehr als sonst. Ich schrieb in wenigen Abenden ein Kinderstück über Rotkäppchen, ich schrieb in die Nacht hinein. Das Publikum hatte ich in Gestalt meiner Kinder direkt vor mir.

Ich habe das Stück Hermann Beil gegeben, ich habe keine Antwort erhalten. Ich habe es dem Reiss Verlag in Basel angeboten, wo schon meine anderen Stücke lagen. Dort arbeitete bloß noch eine Sekretärin, die zwar klug und freundlich war, aber keine Ahnung hatte, was sie mit einem Kinderstück anfangen sollte. Ich ließ mein Rotkäppchen liegen und vergaß es.

1977 erhielt ich vom Theater der Stadt Heidelberg den Auftrag, für Kinder die Bremer Stadtmusikanten zu dramatisieren. Ich habe es versucht, es ist nichts Rechtes daraus geworden.

Als Heidelberg meine Bearbeitung ablehnte, habe ich ihnen das Rotkäppchen geschickt. Das haben sie angenommen und gespielt.

Einige Zeit nach Probenbeginn haben sie mich angerufen, ich solle kommen. Ich fuhr hin und fand einen heillos zerstrittenen Haufen vor. Es war die Zeit der Mitbestimmung, alle wollten mitreden.

Ein junger Schauspieler aus Luxemburg, der für den Wolf vorgesehen war, hat kaum ein Wort gesagt. Ich habe gleich gesehen, dass er ein guter Wolf werden würde. Mit ihm habe ich an den Abenden Bier getrunken. Er wurde ein hinreißender Wolf und hieß André Jung.

Wir sind zu viert zur Premiere gefahren, die an einem Sonntagnachmittag stattfand. A. und ich mit den Kindern im Speisewagen des Intercitys, geputzt und gestriegelt. Die herrliche Landschaft der oberrheinischen Tiefebene, rechts die Rebberge mit den Weindörfern, links der Rhein, dahinter die blauen Vogesen. Dann die alte Stadt Heidelberg, die Brücke über den Neckar, das Schloss oberhalb der Stadt. Das große Stadttheater, das mit Kindern vollgestopft war bis unters Dach. Sie haben geschrien vor Schreck, als der Wolf auftauchte. Und ich habe erlebt, welch geniales Publikum Kinder sind.

Ich habe das Stück dem Verlag der Autoren in Frankfurt angeboten. Karl Heinz Braun hatte mich dorthin geholt, der beste Lektor und Dramaturg, den ich kenne, ein Gottessegen für jeden Autor.

Leider hatte er damals eine Auszeit genommen. Es vertrat ihn eine Dame, eine Prüferin der schlimmsten Sorte. Sie hat mein Stück abgelehnt, sie hat mich leidenschaftlich beschworen, es zurückzuziehen. Sonst würde ich, hat sie gemeint, meinen guten Ruf verlieren.

Wieder einige Jahre später, die Dame war längst aus dem Verlag verschwunden und Karl Heinz

Braun zurückgekehrt, hat er mich angerufen und gefragt, was da eigentlich los sei. In Frankfurt finde zur Zeit ein internationales Kindertheatertreffen statt. Dabei trete eine Truppe aus Zagreb auf, die eine wunderschöne Rotkäppchen-Aufführung auf Kroatisch zeige. Das Stück sei von einem gewissen Hansjörg Schneider. Ob ich das sei?

Ich habe keine Ahnung, wie mein Rotkäppchen nach Zagreb kam. Ab und zu hat ein Autor eben auch Glück.

Karl Heinz Braun hat dem Stück dann den Titel *Rotkäppchen spielen* gegeben. Es wird heute noch gespielt.

Eigenartig, dass ich stets an meinen Niederlagen herumhirne und nicht an meinen Siegen.

Niederlagen? Siege? Warum diese martialischen Wörter? Weil sie den Erfahrungen eines Dramatikers entsprechen. Eine Uraufführung endet mit einem Sieg oder mit einer Niederlage. Das Publikum entscheidet mit seinem Applaus. Jedenfalls ist das in einem großen Haus so.

In einem Kellertheater ist es anders. Ein paar Dutzend Zuschauer haben nicht die Brachialgewalt, einen Autor zum Sieg zu klatschen. Dann entscheiden die Theaterprüfer, die Kritiker.

1972, als ich im Zürcher Schauspielhaus mit *Sen-*

nentuntschi gestartet bin, gab es praktisch noch keine Dramatikerförderung. Heute müssen junge Dramatiker aufpassen, dass sie nicht zu Tode gefördert werden.

Damals wurde ein junger Autor gleich auf die große Bühne gestellt. Das geschah zwar selten. Aber hin und wieder fasste sich ein Theaterdirektor ein Herz und gab einem jungen Dramatiker eine Chance.

Ich finde das richtig. Man will nicht im Keller begraben werden, man will vor ein großes Publikum.

Hermann Beil hat um 1970 Dieter Forte mit *Martin Luther & Thomas Münzer* und Heinrich Henkel mit *Eisenwichser* ans Basler Theater geholt. Beide Stücke wurden Welterfolge. Beil hat auch das erste Stück von Urs Widmer mit dem Titel *Die lange Nacht der Detektive* auf die Bühne gestellt. Das ist sein Verdienst, darauf will ich immerhin hinweisen.

1973 ist am Zürcher Schauspielhaus mein *Brod und Wein* uraufgeführt worden. Peter Arens, der das Stück gut inszeniert hatte, beschloss, am Schluss der Aufführung den eisernen Vorhang herunterzulassen. Ich habe gesagt, das gehe nicht, ein Autor brauche die Hilfe des Publikums.

Arens blieb dabei, der eiserne Vorhang wurde

heruntergefahren. Ich stand hinter der Bühne, neben Arens, Wollenberger und Buckwitz. »Vorhang hoch!«, schrie Wollenberger. »Nein, er bleibt unten!«, schrie Arens. Wir hörten zu, wie der Applaus losbrandete, durchsetzt von Pfiffen und Buhrufen. Wie er nach ein paar Minuten anschwoll zum Orkan, der den eisernen Vorhang wegfegen und Schauspieler und Autor auf die Bühne zwingen wollte. Dann, als die Leute merkten, dass der Vorhang tatsächlich unten blieb, hörte der Applaus auf. »Hast du gehört, wie die geklatscht haben?«, fragte mich Wollenberger.

Anschließend traf ich im Foyer verstörte Menschen. Sie waren enttäuscht, frustriert, empört. Sie fühlten sich um ihr Recht der Entscheidung über Sieg oder Niederlage betrogen. Sie zerstreuten sich in Minutenschnelle in alle Winde.

Die Kritiker haben zugeschlagen. Zwei haben mich als faschistoid bezeichnet. Ich habe das nur ausgehalten, weil mein *Erfinder* bereits auf dem nächsten Spielplan stand.

Die hasserfüllten Verrisse haben einem der Schauspieler so zugesetzt, dass er gleich für vier Wochen krank wurde. Danach wurde die Aufführung wieder aufgenommen. Aber die Luft war draußen.

Zum Glück hat mein Freund Hans Gratzer das Stück bald darauf in Wien inszeniert. Und zwar so, dass es zum Kracher der Saison wurde. Was automatisch weitere Inszenierungen nach sich zog.

Ein Dramatiker schreibt für niemanden außer für seinen Regisseur, seine Schauspieler und sein Publikum. Er braucht alle drei, er muss alle drei überzeugen. Und er ist angewiesen auf das Urteil des Publikums, auf den Applaus.

Dramatikerförderung, welch schreckliches Wort. Als ob Dramatiker geistig behindert wären.

Ende 1973, nach der Uraufführung meines *Erfinders* im Zürcher Schauspielhaus, wurde das Stück in der Zeitschrift *Theater heute* abgedruckt. Ein Redakteur ist nach Basel gereist und hat mit mir ein Interview gemacht. In diesem Interview war leider nichts zu lesen über die Tatsache, dass ich Hausautor am Zürcher Schauspielhaus war. Was den Intendanten Buckwitz so sehr beleidigt hat, dass er erklärte, er werde von mir nie mehr ein Stück aufführen.

Zudem starb damals mein Theaterverleger Kurt Reiss. Ich habe weiterhin fürs Stadttheater geschrieben. Aber ich war ohne Verleger und hatte kein Stammhaus mehr, das mich uraufführte. Das ist fast tödlich für einen Dramatiker.

Ich habe verschiedene Laster, die ich zwar kenne, aber nicht ändern kann. Mein Hauptlaster ist, dass ich mich nicht für meine Texte zu wehren vermag. Ich denke, die Tatsache, dass ich einen Text so und nicht anders geschrieben habe, zeige zur Genüge, dass ich den Text genauso haben will.

Heutzutage wollen sie überall, wo du hinkommst, mit dir um deinen Text kämpfen. Denn die Prüfer pochen auf ihr Recht, zu prüfen. Sonst wären sie ja überflüssig.

Eine Buchlektorin, die später Verlegerin geworden ist, hat jeweils vor Erregung gezittert, wenn ich ihr Büro für ein Lektorat betreten habe. So geil fand sie das Prüfen.

Ich habe stets erklärt, dass mein Name darüber steht. Dass ich selber verantwortlich bin für einen Text, den ich geschrieben habe. Für die Vorzüge des Textes, auch für die Fehler. Dass es beim Schreiben, wie im Leben, keine Perfektion geben kann.

Es hat nichts genützt. Nach solchen Prüfungseinheiten war ich stets den Tränen nahe. Und ich hatte Mühe, weiterzuschreiben.

Erst als ich zum Verlag der Autoren in Frankfurt wechselte, ging es mit meinen Stücken wieder aufwärts.

Meine beiden letzten Uraufführungen an Stadttheatern waren *Der Irrläufer*, der von Werner Düggelin 1995 in der Basler Komödie inszeniert wurde. Und *Erwin und Philomene*, von einer Regisseurin

2002 am Stadttheater St. Gallen auf die Kellerbühne gestellt.

Werner Düggelin, ein Meister alter Schule, hat mein Stück mit hervorragenden Schauspielern besetzt und eine sehr schöne Aufführung gemacht. Wenn ihm in meinem Stück ein Satz nicht gefiel, hat er mich gefragt, ob ich ihn nicht ändern oder streichen könne. Ein paarmal ist ein gehetzter Dramaturg auf den Proben aufgetaucht und gleich wieder verschwunden, da niemand mit ihm reden mochte.

In St. Gallen habe ich das Elend der Kelleraufführungen erlebt. Sehr kurze Probenzeit, mittelmäßige Schauspieler, sehr kleines Publikum. Es war nach der Premiere so, als ob nichts stattgefunden hätte, nichts passiert wäre. Tatsächlich ist auch nichts passiert, was erzählenswert wäre, weder Sieg noch Niederlage.

Immerhin wurde das Stück vom Norddeutschen Rundfunk in großer Besetzung als Hörspiel produziert. Folglich hatte ich es doch nicht für die Katz geschrieben.

Es ist im Theater wie in der Liebe. Entweder man schwebt im siebten Himmel (nach einer gelungenen Premiere). Oder man stürzt in die Hölle (nach einer misslungenen Premiere). Dann möchte man sich am nächsten Baum aufhängen. In jungen Jahren tritt man immer wieder an. Im Alter lässt man es bleiben und setzt sich, wie alle andern auch, vor den Fernseher.

Heute über Mittag habe ich mir im Fernsehen Barack Obamas Rede angeschaut, die er in Kairo gehalten hat. Nur schon die Tatsache, dass ein amerikanischer Präsident in der Hauptstadt der islamischen Welt eine Rede hält und nicht in Sharm el Sheik, finde ich großartig.

Obama hat in seiner Rede nichts anderes gesagt als das Selbstverständliche, das Vernünftige. Als er mit dem Satz aus der Bergpredigt endete, die Welt gehöre den Friedfertigen, war ich den Tränen nahe. Was ist das für eine Zeit, habe ich gedacht, in der mich das Selbstverständliche zu Tränen rührt?

Todtnauberg, 9. 6. 2009

Traum

Ich bin in der Gesellschaft von Werbern, wie früher, als ich oft mit den Basler GGK-Leuten zusammensaß. Ich fühle mich geschmeichelt, aber richtig wohl ist mir nicht. Eine kleine, rote Katze ist auch da. Sie ist allerliebst, aber auch sie ist fehl am Platz.

Mit ungefähr 26 Jahren habe ich einige Leute von der GGK kennengelernt, damals eine führende Werbeagentur. Diese Leute waren neugierig, frisch und wohlgemut. Es machte ihnen Spaß, mit Text und Bild zu spielen und damit Geld zu verdienen. Ich hätte gerne mitgespielt und mitverdient und habe einmal probehalber für sie einen Text verfasst, der indessen nicht für gut befunden wurde. Also habe ich es sein lassen.

Die kleine rote Katze, die auch da ist, ist A.

Ich saß mit den GGK-Leuten oft in der Kunsthalle. Robert, einer von ihnen, hat mir einmal gesagt: »Du hast es gut, du bestimmst selber, mit was für Texten du Geld verdienst.« Ich habe mir überlegt, dass er in bestimmter Hinsicht recht hatte. Nur wäre ich damals nicht in der Lage gewesen, ihn einzuladen. Er hat eingeladen.

Einer der GGK-Männer hieß Martin Suter. Ein Supertexter, wie man sagte, der viel Geld verdient hat. Mit ihm habe ich lange Spaziergänge gemacht, er hat meine Nähe gesucht. Er hat mir verraten, dass er ebenfalls zu schreiben gedenke, allerdings erst, wenn er genug Geld auf der Seite habe, um ein sorgenfreies Leben führen zu können. Ich habe ihm gesagt, dass das niemals klappen werde.

Heute verbringt Martin Suter einen Teil des Jahres auf seinem Bauernhof auf Ibiza, den andern Teil in Guatemala und schreibt dort Buch um Buch.

Todtnauberg, 11. 6. 2009
Heute Nacht gegen drei bin ich erwacht, aufgeschreckt durch einen Angsttraum. An seinen Inhalt erinnere ich mich nicht, aber ich weiß noch, dass mich die Angst lähmte. Vorsichtig habe ich versucht, mich in die Realität zurückzutasten. Da habe ich jemanden atmen hören neben mir. War das Traum oder Wirklichkeit? Richtig, da atmete jemand, ruhig und regelmäßig. Ich habe hingeschaut und im fahlen Schein, der durch das Fenster fiel, einen Wuschelkopf auf dem Kissen liegen sehen. Es war das Haar meiner Freundin C. Ich habe mich behutsam an den Frauenrücken geschmiegt und bin beruhigt wieder eingeschlafen.

Todtnauberg, 12. 6. 2009
Ich habe die kürzlich erschienene Biographie über Rilke von Fritz J. Raddatz gelesen. Ein wohltuend sachlich geschriebenes Buch voller genauer Information, meist ohne das übliche Rilke-Geschwurbel, außer an einigen wenigen Stellen, an denen offenbar auch Raddatz von einem geheimnisvollen Gott geküsst wurde, so dass er plötzlich unverständlich raunt. Aber er findet immer sehr schnell wieder zurück ins Informative.

Ich habe mit neunzehn Jahren eine sehr intensive

Rilke-Zeit gehabt. Ich verstand nichts Genaues. Es war seine Sprachmusik, die mich in ihren Bann zog. Ich habe mich verstanden gefühlt, ohne etwas zu verstehen. Bis die Zeit kam, in der ich Döblin, Kafka und Brecht zu lesen begann. Damals habe ich Rilke als Kitsch abgetan.

Jetzt, beim Lesen seiner Biographie, ist mir dieser seltsame Mensch plötzlich verstehbar geworden. Wie er alles abwehrt, was ihn vom Dichtersein abhalten könnte, selbst Frau und Kind. Wie er konsequent die Bedingungen schafft, die er für sein Dichten braucht. Wie er sich ohne jede Scham in den Mittelpunkt der Welt stellt, als wäre er Jesus persönlich. Wie er zuletzt folgerichtig im kalten Turm von Muzot hockt, ein Eremit, der sich auf das Sterben vorbereitet.

Ich habe als junger Mensch sehr viel gelesen. Ich habe auch Bücher gelesen, die mich langweilten. Ich habe mich sogar durch Hermann Brochs *Tod des Vergil* hindurchgequält.

Das literarische Angebot war damals unglaublich einseitig. Was selbstredend kein Zufall war. Jeder Machthaber versucht, die Lektüre der Untertanen zu steuern. In der freien Schweiz geschah das auf außerordentlich subtile Art und Weise, so dass die Absicht fast nicht zu erkennen war. Ich selber habe diese Absicht lange nicht erkannt. Ich fand die Lektüre zwar oft fade, habe aber den Fehler bei mir gesucht.

Ich habe mich durch *Tauben im Gras* von Wolfgang Koeppen gequält. Durch zwei, drei Romane von Hans Carossa. Durch die *Rittmeisterin* von Werner Bergengruen. Durch das *Einfache Leben* von Ernst Wiechert, durch *Die Rote* und *Sansibar* von Alfred Andersch. Die erste Seminararbeit an der Uni habe ich über Hugo von Hofmannsthal geschrieben.

Die oberste Autorität der Literaturvermittlung in der deutschen Schweiz war lange Jahre Werner Weber von der *Neuen Zürcher Zeitung*. Er war der Leuchtturm der Literaturkritik, nach dem sich die meisten anderen Literaturkritiker richteten. Er war gewiss ein kluger Leser und glänzender Schreiber. Aber er hat eben seinem Herrn gedient, und das war der Zürcher Freisinn.

Auf den letzten Seiten seines Buches schreibt Raddatz über die *Duineser Elegien* und die *Sonette an Orpheus* und zitiert daraus. Da habe ich gestaunt. Ich habe gemerkt, dass ich diese Verse noch alle in meinem Gedächtnis gespeichert habe und auswendig kann. Ich hatte es bloß vergessen.

Als mein erstes Buch in einem richtigen Verlag erschien, es war die Erzählung *Die Ansichtskarte* im Benziger Verlag, hat mir der Verleger Keckeis dringend empfohlen, das Buch an Werner Weber zu schicken mit der Bitte um eine gnädige Rezension. Ich solle aber nicht erwähnen, dass er, Keckeis, mir diesen Rat gegeben habe. Ich habe das selbstverständlich nicht getan. Und Werner Weber hat *Die Ansichtskarte* nicht besprochen.

Ich bin Werner Weber, als ich bereits ein bekannter Autor war, einige Male begegnet. Wir haben uns freundlich die Hand gegeben und ein paar Worte gewechselt. Ein Gespräch hat sich nie entwickelt. Ich war ihm wohl so suspekt wie er mir.

Ich bin ein Aargauer durch und durch. Sohn eines Vaters aus einer armen Familie im aargauischen Würenlingen, Sohn einer Mutter aus einer armen Familie aus dem aargauischen Schinznach-Dorf. Der Aargau war fast vierhundert Jahre lang Untertanengebiet der umliegenden eidgenössischen Orte, die dafür gesorgt haben, dass keines der alten, stolzen Aargauerstädtchen sich zu einer größeren Stadt entwickeln konnte. Daraus bezieht der Aargau noch heute seine Wut, seine Kraft. Aargau heißt rebellische Anarchie.

Ich bin einmal anlässlich einer Theateraufführung

über den Einfall der Franzosen in Nidwalden im Jahre 1798, zu der ich den Text schrieb, im Hause des Arztes Klaus von Matt in Stans gewesen. Sein Bruder, der Germanistikprofessor Peter von Matt, war auch da. Wir saßen in der alten Stube, über der eine wunderschöne, reich geschmückte Barockdecke hing. Wir haben vom Zusammenbruch der alten Eidgenossenschaft geredet, vom Einmarsch der fremden Soldaten. Die beiden Brüder von Matt haben diesen Einmarsch beklagt. Ich sagte, im Aargau hätten die Leute Freiheitsbäume aufgestellt und getanzt. Ich sagte weiter, man finde im ganzen Aargau keine so reich verzierte Stubendecke. Was ist denn mit der Decke im Schloss Brunegg des Professor von Salis?, fragte Peter von Matt. Dort haben keine Aargauer gewohnt, erwiderte ich, sondern die eidgenössischen Vögte.

Ich will nicht behaupten, dass ich bewusst als Aargauer, als rebellischer Anarchist durchs Leben gehe. Aber die Geschichte wirkt nach, immerzu und überall, ohne dass es die Leute merken.

Heute gilt der Aargau als harmloser, angepasster Autobahnkanton. Die Aargauer, sagen die Zürcher, fahren in weißen Socken nach Zürich und grölen im Niederdorf herum.

Man lese wieder einmal den Roman *Schilten* von Hermann Burger, eines der besten deutschsprachigen Bücher der letzten Jahrzehnte. Es handelt von einem aargauischen Seitental.

Von Hermann Hesse habe ich in jungen Jahren alles gelesen, was greifbar war. Der Grund war wohl seine kitschige Erotik. Ich blieb Hesse-Fan, bis mein Vater das *Glasperlenspiel* ins Bücherregal stellte. Ich habe den Roman angefangen. Es ging nicht, es war zu fade.

Als das erste Taschenbuch von Thomas Mann auf den Markt kam, es waren Erzählungen mit unter anderem Tonio Kröger, habe ich es gekauft. Beim Lesen bin ich erschrocken. So schwülstig war das, so fiebrig schwul. Seitdem habe ich ein Vorurteil gegen diesen großen Romancier. Ich habe nur noch die *Buddenbrooks* und *Felix Krull* gelesen. Sonst kenne ich nichts von Thomas Mann. Das ist mir ganz recht so.

Jahre später habe ich Heinrich Mann entdeckt, *Professor Unrat* und den *Untertan*. Diese beiden Romane habe ich verschlungen.

Selbstverständlich ist es kein Zufall, dass mir Heinrich Mann so spät in die Hände gefallen ist. Wäre ich in der DDR aufgewachsen, wäre es umgekehrt gewesen. Dann hätte ich erst den *Untertan* gelesen und erst Jahre später den *Felix Krull*. Denn Heinrich Mann war ein Linker.

Todtnauberg, 16. 6. 2009

Jakob van Hoddis bin ich zum ersten Mal in der Expressionismus-Anthologie *Menschheitsdämmerung* von Kurt Pinthus begegnet. Da habe ich gelesen:

> Dem Bürger fliegt vom spitzen Kopf der Hut.
> In allen Lüften hallt es wie Geschrei.
> Dachdecker stürzen ab und gehn entzwei.
> Und an den Küsten, liest man, steigt die Flut.

Das hat van Hoddis 1911 veröffentlicht, mehrere Jahre, bevor Rilke seine *Duineser Elegien* schrieb. Und zwar hat van Hoddis diese Verse nicht in einem Schloss an der blauen Adria geschrieben, sondern mitten in der Großstadt Berlin. Das hat mich interessiert.

Ich bin bestimmt nicht der geborene Germanist. Trotzdem habe ich meine Dissertation gern geschrieben. Ich habe enorm viel gelernt dabei.

Die sogenannten Expressionisten – das waren die fortschrittlichen Autorinnen und Autoren aus der Zeit um den Ersten Weltkrieg – waren um 1965 nicht lieferbar. Sie sind erst Jahre später ediert worden.

Von Ernst Blass war nichts zugänglich, von Alfred Lichtenstein auch nicht. Von Georg Heym nur sehr wenig. Auch in den Bibliotheken fand sich nichts. Es war erschreckend, wie durchschlagend erfolgreich sich die Bücherverbrennung der Nazis noch immer auswirkte. Sogar in der Schweiz, die sich als weitgehend immun gegen den Nationalsozialismus gezeigt hatte, war kaum etwas vorhanden.

Zum Glück lagen in der Bibliothek des Basler Kunstmuseums die ersten vier Jahrgänge von Herwarth Waldens Zeitschrift *Der Sturm* in Originalausgabe. Die habe ich von der ersten bis zur letzten Seite durchgelesen.

Ich erinnere mich gut an die stillen Nachmittage im Lesesaal. Eine wohltuende Ruhe, vor mir auf dem Tisch die leicht vergilbten Seiten, die Holzschnitte von Künstlern wie Ludwig Meidner. Fünfzig Jahre alte Texte, die mir von einem Neuanfang, von Revolution erzählten. Mein Doktorvater Walter Muschg hat diesen Dichtern in seinem Buch *Die Zerstörung der deutschen Literatur* ein großartiges Denkmal gesetzt.

Ich war ein schüchterner Student, wie die meisten andern auch. Außer einigen deutschen Kollegen, die geschliffen daherredeten. Als ich meine erste Seminararbeit vorlesen musste, habe ich Beruhigungspillen geschluckt, die mir A. besorgt hatte.

Manchmal denke ich, ich hätte nach zwei, drei Jahren das Studium hinschmeißen sollen, um das zu versuchen, was ich schon immer gewollt hatte. Aufschreiben nämlich, was mich interessierte und bewegte. Aber ich hatte nicht den Mut dazu. Da ich von Jugend an auf Leistung getrimmt war, konnte ich mir das Ende des Studiums nur mit einem Abschluss vorstellen. Den habe ich geschafft, wenn auch unter Valium.

Meine Dissertation war die erste längere Arbeit über Jakob van Hoddis. Immerhin das.

Basel, 17. 6. 2009

Der Filmregisseur Markus Fischer, der meine letzten Hunkeler-Romane verfilmt hat, hat angerufen und gesagt, das Schweizer Fernsehen DRS wolle zwei weitere Romane verfilmen. Zuerst meinen ersten Hunkeler, *Silberkiesel*, dann den Roman, den ich noch nicht angefangen, von dem ich ihm aber schon erzählt habe. Das Fernsehen brauche den Titel und eine Synopsis von mir.

So weit habe ich es also gebracht. Das Fernsehen will etwas verfilmen, das es noch gar nicht gibt und vielleicht nie geben wird. Das heißt, die Hunkeler-Romane sind ein Markenartikel geworden, der erfolgreiche Verfilmbarkeit verspricht. Eigentlich, so überlege ich, könnte ich auch bloß die Marke verkaufen und die Geschichte von jemand anderem schreiben lassen.

Natürlich schmeichelt mir die Nachfrage. Es ist nicht selbstverständlich, dass die Geschichten, die sich ein alter Mann aus den Fingern saugt, auf dem Markt eine Chance haben.

Im Moment beschäftige ich mich mit diesem Tagebuch, also mit mir selbst. Den Schritt in eine Geschichte hinein, die stark genug ist, einen ganzen Roman zu tragen, mache ich noch nicht. Ich zögere, ob ich ihn machen soll. Ich denke zwar dauernd an die neue Geschichte, die im Theatermilieu spielt, weshalb ich hier auch so viel übers Theater schreibe. Aber es ist noch zu früh, um mit der Niederschrift zu beginnen. Noch bin ich in der Traumphase. Noch will ich Nacht für Nacht in mich hineinsinken.

Ich habe als Abgabetermin für den neuen Roman Ende November vereinbart. Da ich gern in Hunkelers Haut schlüpfe, werde ich den Termin wohl einhalten.

Todtnauberg, 18. 6. 2009
Gestern habe ich im Elsass mit einer entzückenden Dame zu Mittag gegessen. *Plat du jour*, erst Gemüsesuppe, dann Schweinskotelett und Pommes frites. Dazu ein Glas Riesling. Wir saßen im Hinterhof ei-

ner Wirtschaft, direkt an einem Bach mit Erlen und Weiden. Ein leichter Wind ging und machte die Junihitze erträglich.

Die Dame erzählte mir von ihrem Unglück. Sie hat über dreißig Jahre im Verlagswesen gearbeitet. Zuletzt war sie Vertriebsleiterin in einem Verlag, sehr zur Zufriedenheit der Autoren, aber zum Ärger des Verlegers. Er hat sie entlassen. Jetzt geht es beiden schlecht, ihr und dem Verleger auch.

Die Dame geht stempeln. Und sie hat Angst, dass sie als Frau von über fünfzig Jahren keine Stelle mehr findet, die ihren Fähigkeiten entspricht. Ich habe ihr die Angst zu nehmen versucht, indem ich sagte, Fachkräfte von ihrer Qualität seien in jedem Alter und in jeder Zeit gesucht.

Tatsächlich bin ich überzeugt, dass eine Dame wie sie jedem Betrieb der Literaturbranche helfen kann. Vielleicht findet sie indessen trotzdem keine passende Stelle mehr. Aus dem einfachen Grund, weil sie über fünfzig ist.

Ich kenne eine Reihe ähnlicher Fälle in meinem Bekanntenkreis, es sind auch Männer darunter. Es sind nicht die Langweiler, sondern die Unternehmungslustigen, die nach fünfzig plötzlich arbeitslos dasitzen. Die Vorsichtigen hingegen hocken mit 65 mit fetter Rente in ihrem Eigenheim an einem Hügel oben und langweilen sich und ihre Mitmenschen weiterhin, bis sie sterben. Als würde unser Gesellschaftssystem die Langweiler belohnen und die Lustigen bestrafen, damit alles so bleibt, wie es ist.

Todtnauberg, 20. 6. 2009

Traum

Ich bin mit A. unterwegs von einer Skitour zurück ins Tal. A. ist zwar krank, aber es geht ihr noch immer gut. Ich schaue ihr zu, wie sie ihre Bögen fährt. Zuletzt verliere ich sie aus den Augen. Ich komme in ein fremdes Dorf. Ausgangs des Dorfes ist der Schnee weg. Das Gras steht hoch, es ist Sommer.

Ein Traum, den ich immer wieder träume. A. ist krank, vom Tode gezeichnet. Sie weiß es, und ich weiß es auch. Dennoch lässt sie sich nichts anmerken. Sie fährt Ski, als ob nichts wäre, mit letzter Kraft.

Vielleicht spielt hier meine Mutter hinein, die ebenfalls vom Tode gezeichnet war. Mehrere Jahre schon, bevor sie tatsächlich starb.

Ich verliere A. dann aus den Augen und komme in ein Dorf, in dem ich mich nicht zurechtfinde. Das entspricht der Wirklichkeit. Ich finde mich nicht mehr zurecht ohne A., ich verirre mich.

Meine tägliche Fährte. Mein tägliches Erinnern.

Mein täglicher Versuch, die Wirklichkeit hereinzuholen in mein Schreiben.

Dann, am Ende des Traums, habe ich mich durch das Dorf hindurchgekämpft und gelange wieder aufs offene Land. Vor dem Dorf befand ich mich in einer noch halb winterlichen Frühlingslandschaft. Nach dem Dorf betrete ich eine Sommerlandschaft, in der das Gras hoch steht. Das heißt, ich komme in der Gegenwart an.

Es ist wieder einmal ein Abschiedstraum.

Das Skifahren hatte für mich eine befreiende, rettende Bedeutung. Sich hochziehen lassen vom Lift, weit über die Häuser der Menschen hinauf, auf die Schneehänge. Dann hinuntergleiten, es sausen lassen in frohem Übermut, bis man sich überschlägt. Wieder aufstehen, aufs Neue die Schussfahrt suchen und finden. Ich hatte erst mit 28 Jahren, als ich in Chur Lehrer war, eine erstklassige Ausrüstung. Aber ich habe mich stets wacker geschlagen.

Begonnen hatte ich auf den alten Brettern meines Vaters. Sie waren viel zu lang. Dann, in der Bezirksschule, war ich zum ersten Mal in einem Skilager in den Alpen, auf der Frutt. Meine Mutter hatte dem Lagerleiter offenbar mitgeteilt, dass ich ein Nachtwandler war. Ich weiß noch, wie ich eines Nachts im Vorraum der Militärbaracke, wo wir untergebracht waren, in seinen unbeholfenen Armen erwacht bin, wie seltsam er mich angeschaut hat. Er war wohl noch geschockter als ich.

Ausgerüstet wurden wir vom sogenannten militärischen Vorunterricht. Bundeslatten, wie man das nannte, auf denen schon mehrere Jahrgänge pubertierender Draufgänger den Stemmbogen geübt hatten. Das Schuhwerk mussten wir selber mitbringen. Ich steckte in den alten Schuhen meines Vaters.

Später, in den Skilagern des Gymnasiums, war alles leichter und fröhlicher. Ich hatte eigene Eschenbretter unter den Füßen, und wir durften den Skilift benützen.

Mit sechzehn bin ich der Jugendorganisation des Alpenclubs beigetreten. Wir hatten einen hervorragenden Leiter, der uns auf mittelschwere Dreitausender geführt hat. Da Zofingen an der Gotthardstrecke liegt, fuhren wir meist in die Urner Alpen.

Mit achtzehn, kurz nach dem Tod meiner Mutter, war ich über Neujahr zum ersten Mal auf dem Stoos oben, bei Schwyz. Wir haben in einer alten Bauernhütte gewohnt, mit Heulager und einer Ofenkunst in der Stube, die von der Küche aus beheizt wurde. Ein paar Mädchen, ein paar Burschen, wir sind prima ausgekommen miteinander. Wir sind Ski gefahren, bis am Abend der Lift abgestellt wurde.

Während der Studentenzeit haben wir zu viert

Frühlingstourenwochen gemacht. Im Triftgebiet auf Sustenhorn und Galenstock hinauf, im Aletschgebiet auf Mönch und Finsteraarhorn.

Dann bin ich eine Zeitlang nicht mehr auf Gipfel gestiegen. Ich habe lieber in der Rio Bar gesessen, Bier getrunken, geraucht und diskutiert. Bis auf jenes halbe Jahr in Chur, als ich an den freien Nachmittagen das Parpaner Rothorn hinunterraste.

Skifahren hat den immensen Vorteil, dass man die Spur, die man in den Schnee zeichnet, selber bestimmt. Man kann in einer Schussfahrt die Verantwortung nicht delegieren. Fährt man zu riskant, bezahlt man mit einem Sturz.

Dann das Skifahren mit A., als wir noch ledig waren. Das war sanfter, schöner. Da sie alles, was sie tat, richtig tun wollte, hat sie bei einem Skilehrer Stunden genommen und perfekte Bögen in den Schnee gelegt.

Als die Kinder alt genug waren, hat sie sie ausgerüstet mit echtem Fuchsschwanz an den Pelzmützen. Wir mieteten Ferienwohnungen im Wallis und in Graubünden, vor allem in Bergün. Herrliche Tage, frohes Gleiten zu viert über die Hänge. Nie sonst war A. so zufrieden und stolz.

Die Berge tauchen immer wieder auf in meinen Träumen. Sie stehen schneebedeckt am Horizont, laden ein zur stiebenden Fahrt. Dann weiß ich, dass mir ein guter Tag bevorsteht.

Todtnauberg, 22. 6. 2009

Seltsamerweise lebe ich immer noch in der Erwartung, dass sich in der nächsten Zeit in meinem Leben grundsätzlich etwas ändert, und zwar zum Guten. Obschon ich weiß, dass die Zeit der Änderungen vorbei ist. Außer der Veränderung zum Tode.

Basel, 29. 6. 2009

Traum

In einem sumpfigen Gebiet liegen unter morschen Baumstämmen, wie in Gräbern, urtümliche Tiere, die sich hier versteckt halten. Nashörner? Traurige Raubtiere? Pflanzenfresser?

Basel, 13. 7. 2009

Heute Mittag werde ich meinen Enkel Rocco, der vor vier Monaten geboren wurde, in Zürich besuchen.

Ich habe die ersten zwanzig Seiten meines neuen Romans geschrieben.

V

Tagebuch
2. April 2010 – 4. Januar 2011

Todtnauberg, 2. 4. 2010

In der Nacht hat es geschneit. Eine wunderschön pulvrige Langlaufloipe zog sich heute Morgen über den Stübenwasen. Es ist Karfreitag. Ein trauervolles Datum einst in meiner Jugend, da ja an diesem Tag unser Herr Jesus schmerzvoll am Kreuz verschieden ist. Das öffentliche Leben stand still, die Wirtschaften waren geschlossen. Der Kirchgang am Morgen, unter dem schweren Geläute der Glocken. Am Nachmittag ein kleiner Spaziergang. Sonst blieb man zu Hause. Man hat gewartet auf Ostern, auf den Tag der Auferstehung. Und am Ostermontag war Tanz.

Eine schöne Geschichte, die das Neue Testament erzählt. Erst wird qualvoll gestorben. Dann wird auferstanden, und alles ist neu und frisch.

Ich kann dieser Mär nicht mehr viel abgewinnen. Ich begreife nicht, was am qualvollen Tod des Nazareners Besonderes sein soll. Es wird immer noch und immer wieder qualvoll gestorben. Und von Auferstehung habe ich seit dem Neuen Testament nichts mehr gehört.

Vorgestern bin ich in Zürich in meinem neuen Buchverlag, Diogenes, an der Vertreterkonferenz gewesen. Ich habe aus meinem neuen Roman *Hunkeler und die Augen des Ödipus*, der Ende August erscheinen wird, vorgelesen. Es waren zwölf Vertreterinnen und Vertreter anwesend, welche die Buchhandlungen im deutschen Sprachraum besuchen und die Bücher des Verlags anpreisen werden. Zudem wird im Mai ein Leseexemplar erscheinen.

Wenn alles wie geplant läuft, werde ich eine Menge Bücher verkaufen und viel Geld verdienen. Was eine durchaus beängstigende Vorstellung ist. Denn ich werde mein Versteck, in dem ich jetzt schon über vierzig Jahre schreibe, verlassen müssen.

Die Freude indessen überwiegt. Ich bin jetzt 72 Jahre alt. Ich werde mich also nicht mehr groß verändern. Auch deshalb nicht, weil ich fast nur noch in der Erinnerung lebe.

Vielleicht werde ich anfangen, diese Erinnerung zu verändern. Aber habe ich das nicht immer schon getan? Wer schreibt, gestaltet seine Erinnerung, indem er sie immer wieder aufs Neue verändert.

Im neuen Roman ist beim Schreiben eine Figur aufgetaucht, von der ich nicht recht wusste, was ich mit ihr anfangen sollte. Sie hat sich gewissermaßen heimlich eingeschlichen. Und dann war sie da. Ich habe sie mitgenommen wie einen blinden Passagier. Erst am Schluss des Romans habe ich gemerkt, was sie für eine Rolle spielen wollte. Die Rolle des Todes.

Dann ist mir eingefallen, woher ich die Figur hatte. Ein älterer Mann mit bewegter Vergangenheit, der mit dem Messer um eine junge, schöne Frau kämpft. Er will diese Frau nur für sich haben, und ich kann mich nicht wehren dagegen.

Ich hatte von diesem Mann geträumt, damals, als A. gestorben war. Es war mein eindrücklichster Traum nach ihrem Tod. Ich habe ihn im *Nachtbuch* notiert.

Als mir das beim Schreiben des Romans bewusst wurde, war ich beruhigt. Ich habe gemerkt, dass die Geschichte stimmt. Die besten Geschichten, die man erzählen kann, kommen aus dem Traum. Denn nie erzählt man so genau wie beim Träumen.

In den letzten Monaten habe ich sehr eingeengt geträumt. Meine Traumphantasie hat sich nicht frei entfaltet, sie hat sich im Kreise gedreht. Immer wieder die gleichen vier Träume. Erstens erotische Träume. Zweitens Träume über das Haus im Elsass.

Drittens Verfolgungs- und Angstträume. Viertens Bergträume.

Keine erlösende Geschichte, kein Befreiungsschlag. Offenbar ist meine Traumkapazität begrenzt. Man hat bloß eine beschränkte Anzahl Träume zur Verfügung. So wie man als Autor nur eine beschränkte Zahl Geschichten erzählen kann. Die erzählt man immer wieder. Und immer wieder.

Ich habe Freunde, die mir raten, doch endlich mit diesen Hunkeler-Krimis aufzuhören. Sie tun das aus Sorge um meinen literarischen Ruf. Sie sind der Meinung, Krimis seien zweitrangige Literatur.

Ich staune darüber. Ich denke, dass mich niemand vor meinen Geschichten behüten kann und muss. Ich schreibe das, was ich kann und will, ohne Rücksicht auf Verluste. Ich habe das immer so gemacht.

Ich schreibe meine Krimis auch deshalb, weil ich meinen Doppelgänger Hunkeler in jenes Bauernhaus im Elsass schicken kann, das nicht mehr mir gehört. So lebt dieses Haus in meiner Sprache weiter.

Ich schreibe die Krimis auch darum, weil ich in sie meine Träume legen kann. Weil ich aus meinen Träumen Poesie machen kann. Und weil Poesie das Einzige ist, was ich dem Tod entgegenzusetzen habe.

Basel, 4. 4. 2010

Ich bin heute Morgen nach Basel gefahren und habe am Bahnhofskiosk Zeitungen gekauft. Vor dem Hotel Schweizerhof hörte ich, wie jemand »Hoi!« rief. Es war Werner Düggelin, er saß in einem Taxi, das vor einer Ampel wartete. Ich ging zu ihm hin, wir schüttelten uns die Hand. Er sagte, er habe leider keine Zeit für einen Kaffee.

Düggelin ist inzwischen achtzig. Er hat soeben am Zürcher Schauspielhaus den *Volpone* inszeniert. Ich habe in der FAZ eine Eloge darüber gelesen.

Düggelin ist der freudvollste Mensch, den ich kenne. Eine Begegnung mit ihm ist jedes Mal eine festliche Ausnahme. Das Unglück, das er bestimmt auch in sich trägt, verwahrt er irgendwo, wo es nicht in Erscheinung tritt. Ließe er es doch einmal in Erscheinung treten, würde er dies wohl als Unhöflichkeit dem Mitmenschen gegenüber verstehen.

Anschließend habe ich Matthyas Jenny besucht. Seine Ehefrau Ursula hat vor Jahren eine Buchhandlung in der Bachlettenstraße aufgemacht. Matthyas hat ihr dabei geholfen. Daneben hat er literarische Events und Institutionen gegründet, unter anderem die Messe BuchBasel und das Basler Literaturhaus. Dann ist Ursula an Krebs gestorben. Seither führt Matthyas den Buchladen.

Er ist von ihrem Tod gezeichnet. Er will seine

Trauer nicht hergeben, er hängt daran. Was ich gut verstehe.

Wir haben in seiner Küche Espresso getrunken. Er hat gesagt, das Schlimme sei, dass es nie bleibe, wie es ist. Stets werde es wieder Abend, dann Nacht. Dann komme wieder der Morgen.

Ich habe gesagt, gerade das sei das Schöne am Schreiben, dass man jeden Tag aufs Neue eintauchen könne in die Welt der Literatur, die einer anderen Zeit unterworfen sei, der Zeit nämlich der Erinnerung.

Basel, 5. 4. 2010

Traum

Skifahren im Ausland, Tirol oder so. Eine junge, blonde Frau ist dabei. Ich muss aufpassen auf sie, sie kennt sich nicht aus im Gebirge. Wir steigen hoch, durch ein altes, abgelegenes Dorf hindurch, merkwürdige Menschen, Kretins. Oben schauen wir zu einem gezackten Gipfel hinauf. Dort werden wir Ski fahren, himmelhoch, bei den Trais Fluors.

Ein Traum wie oft in der letzten Zeit, ungeformt, amorph, ohne feste Gestalt. Als ob jemand etwas erzählen möchte und nicht recht weiß, was.

Die Kretins sind die Leute, wie ich sie im Moment erlebe. Unfreundlich, fremd, fast bedrohlich.

Immerhin stehen am Horizont die Trais Fluors. Was auf Romanisch ›drei Blumen‹ bedeutet.

Ich war vor rund zwei Jahrzehnten mit A. in Celerina im Engadin, in einem Luxushotel, das mich zu einer Lesung eingeladen und mit einigen Tagen Halbpension bezahlt hatte. Oben über dem Bergkamm standen drei Felstürme, die Trais Fluors hießen. Wir haben es genossen, wir waren noch nie in einem so teuren Hotel gewesen.

Vor rund einer Woche bin ich hier oben in Todtnauberg wieder einmal Ski gefahren. Ich habe Carving-Skier gemietet. Bei der ersten Abfahrt war die Piste noch pickelhart gefroren. Da ich die kurzen, taillierten Skier nicht gewohnt war, bin ich hinuntergerutscht wie ein Anfänger, verkrampft und ängstlich. Unten hat es mich der Länge nach hingehauen. Ich hatte Mühe, wieder auf die Beine zu kommen.

Eine Stunde später, als der Schnee sulzig weich geworden war, habe ich es noch einmal versucht. Es ist besser gegangen, Sulz war früher mein Lieblingsschnee. Aber mir war klar, dass es vorbei ist mit dem Schwingen über die weißen Hänge.

Basel, 6. 4. 2010

Traum
Beim Fischen ist mir ein Angelhaken in den klei-

nen Zeh des rechten Fußes gefahren, mit Widerhaken. Man muss ihn herausschneiden, sonst entzündet sich der Zeh. Es schmerzt noch nicht, aber es muss bald geschehen.

Dies ist ein Traum, den ich erst am Morgen aufgeschrieben habe. Er ist also nicht mehr frisch, vielleicht sind einige Bestandteile verlorengegangen. Aber den Angelhaken im Zeh, an den erinnere ich mich noch genau. Er war aus gelb schimmerndem Metall, wie Messing, wie Gold.

Es ist ein erotischer Traum. Schön zwar, dieser Angelhaken. Aber gefährlich. Am besten schneidet man ihn heraus. Also Kastration. Das tut nicht weh, behaupte ich im Traum. Aber es muss bald geschehen. Sonst wird es übel.

Ich halte die Zehen für eine der erotischsten Zonen des Körpers.

Ich habe schon früh angefangen zu fischen, wohl mit fünf. Damals sind wir mit unseren Eltern für zwei Wochen nach Weggis am Vierwaldstätter See in die Ferien gefahren. Das Haus, in dem unsere Ferienwohnung war, stand zehn Meter vom Wasser entfernt, das weiß ich noch. Und vorn im Ort gab es neben einem Restaurant ein meterlanges Aquarium, in dem gefangene Seefische schwammen. Darunter war ein dreißig Zentimeter langes Egli, ein Barsch mit der typischen, dunklen Querstreifung und der gezackten Rückenflosse.

Mein Bruder hatte eine Rute aus Bambus, ich hatte eine Haselrute. Rote Korken als Schwimmer, viel zu große Haken. Wir haben Brot und Käse daran gesteckt und vier, fünf Meter weit ausgeworfen. Wir haben stundenlang gelauert, vergeblich. Ab und zu sahen wir draußen im tiefen, klaren Wasser ein großes Egli auftauchen, unbeirrt seine Bahn ziehen. Nie hat eines unsere Köder beachtet.

Seither haben wir leidenschaftlich gefischt. Wir haben uns jeweils morgens um halb vier auf den Weg gemacht, sind durch schlafende Dörfer geradelt, eine Stunde lang. Oben über dem Dorf St. Erhard sahen wir den Pilatus in der Morgendämmerung stehen. Unten glänzte der matte Spiegel des Sempachersees. Wir ließen es sausen bis hinunter nach Sempach.

Am Ufer dann der Geruch von Wasser. Das Piepsen der Blesshühner im Schilf, das leise Plätschern. Das Einplumpsen des Bleis in die Wasseroberfläche, das ruhige Stehen des Schwimmers. Dann das erste Zupfen daran, sein Eintauchen. Der Widerstand des Fisches, wenn wir die Schnur anrissen. Die Gewissheit, dass der Haken festsaß. Das erste Aufblitzen des Fischleibes, das Abschätzen der Art, der Größe.

Wir hoben den Fisch aus dem Wasser und lösten ihn vom Haken.

Wenn die Sonne schon schräg am Himmel stand, packten wir das Fischzeug zusammen. Wir wussten, dass jetzt nichts mehr zu holen war, legten uns ins Gras und schliefen ein.

Heute Morgen bin ich drei Stunden mit den Langlaufbrettern unterwegs gewesen, bei herrlichem Frühlingswetter. Erst war der Schnee gefroren, da war ich noch zittrig in den Knien. Dann wurde er angenehm sulzig.

Bei der Todtnauerhütte habe ich eine Suppe gegessen und in die weite, offene Landschaft geschaut. Ein deutsches Mittelgebirge, wunderbar unspektakulär. Meine Wünsche sind bescheiden geworden. Nicht mehr die Viertausender fordern mich heraus. Sanfte Hügel genügen vollauf.

Der Trost der eingespielten, gewohnten Wiederholung. Der Trost der Langeweile.

Mit 24 habe ich aufgehört, auf Gipfel zu steigen und in den Hütten des Schweizerischen Alpenclubs zu übernachten. Die feuchten Wolldecken störten mich. Die Suppe am Abend, der Kakao am Morgen. Die knarrenden Manchesterhosen des Vordermannes. Und stets fielen die Seehundfelle von den Skiern, wenn der Wind am kältesten blies.

Ich bin mit einem Freund Kristalle suchen gegangen, jeweils im Sommer vier Wochen lang. Wir haben in Alphütten übernachtet, die uns die Sennen für wenig Geld überließen. Einmal habe ich oben im Brunnital in Uri eine richtige Kluft mit dunklen Rauchquarzen geöffnet.

Ich habe über das Strahlen folgendes Gedicht geschrieben:

Val Nalps

Land meiner Sehnsucht
ich taufe dich Val Nalps.

Hütte
schwarzer Punkt im Grünen
Bach du im Talgrund
Fuorcla Paradies
Gannaretsch Vatgira Lai Blau.

Süßes Gras
Eisenrose auf Stein gewachsen
Dunkler Quarz
gekantet zu rauchigem Strahl.

Kriechen durch Steine
hitzetrunken im Eisnadelregen

im feinen Geäder das gültige Muster
das mustergültige Kauen der Rinder
braune Fladen
gespendet den Fliegen
im weißen Licht.

Ich habe diese Verse an die Zeitschrift *Die Alpen*
geschickt. Ich habe die Antwort erhalten, das Gedicht eigne sich in der vorliegenden Form nicht zum
Abdruck.

Da bin ich aus dem Alpenclub ausgetreten.

Einmal habe ich eine Pfingsttour ins Trient-Gebiet
gemacht. Dort sah man ins Montblanc-Massiv hinein. Direkt vor mir erhob sich die Aiguille d'Argen-
tière, der herrlichste Berg, den ich je vor Augen hatte.
Ich habe mich gefragt, warum wir Menschen diese
Einöde aus Fels und Eis so schön finden.

In dieser Beziehung bin ich ein typischer Schweizer Autor. Das Beschreiben einer Bergfahrt ist ein
Schweizer Topos. Der Beste dieser Texte stammt
von Hans Morgenthaler, heißt *Ihr Berge* und war
sein größter Erfolg. Er, der mit den Frauen enorme
Schwierigkeiten hatte, ist in die Berge geflüchtet.
Als der Alpinismus Mode wurde und immer mehr
Leute auf die Gipfel stiegen, hat er Seil und Pickel
in einer Gletscherspalte versenkt.

Basel, 12. 4. 2010

Soeben hat mich der Diogenes Verlag angerufen und gesagt, dass die Rechte an meinen Büchern, die bei Ammann waren, nun bei Diogenes liegen.

Das ist ein neues Leben für mich.

Todtnauberg, 16. 4. 2010

Ich habe in der Pädagogischen Hochschule in Liestal die Hauptprobe meines Stückes *Orpheus* besucht. Ich habe dieses Stück vor nicht ganz dreißig Jahren für die Schauspielakademie Zürich geschrieben, als Antwort auf die Zürcher Jugendunruhen von 1980. Eine Aufführung damals, die mir sehr gut gefallen hat, von Maja Stolle inszeniert, vom Fernsehen aufgezeichnet.

Jetzt also Liestal. Und ich habe gestaunt. Die jungen Leute haben sich meinen Text ganz zu eigen gemacht. Und mir sind die Tränen über die Wangen getropft.

Todtnauberg, 18. 4. 2010

Heute Sonntag ist Erstkommunion in Todtnauberg. Da ich nicht katholisch bin, weiß ich nicht genau, was das sein soll. Aber eines ist auf den ersten Blick ersichtlich: Die zehnjährigen Gören und Jungs werden geehrt und gefeiert.

Ich bin um halb zwölf vom Spaziergang zurückgekehrt und habe den Wirtsraum des Hotel Engel betreten. Er war festlich gedeckt und geschmückt in Erwartung der Gäste. Die weibliche Bedienung hat geduftet wie Weidenkätzchen. Von irgendwoher kamen Klänge der Todtnauberger Blechmusik. Dann die ersten Kirchgänger, die zur Tafel schritten.

Die katholische Kirche hat wunderbare Bräuche geschaffen und bis heute erhalten. An Weihnachten wird die Geburt eines Kindes gefeiert, wohl zu der halben Nacht. Am Palmsonntag werden geschmückte Bäumchen durchs Dorf getragen. An Ostern bejubelt man die Wiederauferstehung des Frühlings. An Fronleichnam wird die Dorfstraße mit Blumen bestreut.

Vielleicht sollten die katholischen Greise in Rom einfach mal zurücktreten und die Stellvertretung Gottes den Frauen übergeben. Sie sind es ja, die die alten Bräuche pflegen, die Kinder erziehen und die Festtafeln schmücken.

Zur Feier des Tages habe ich wieder einmal Hölderlins *Brod und Wein* gelesen.

Todtnauberg, 20. 4. 2010
Traum
Ich bin mit meiner Tochter und meinem Sohn, beide

etwa fünfzehn Jahre alt, an einem seltsamen Wasser, See oder Meer. Es ist trübe, schwimmen ist verboten. Ich erlaube es trotzdem, aber nur kurz. Ich schaue der Tochter zu, die ans andere Ufer hinüberschwimmt. Ein großer Fisch taucht auf, der sie packen will, mit Flossen wie Händen, ein buntes, farbiges Tier. Aber sie entkommt. Der Fisch ist eigentlich nicht böse, eher traurig.

Wir sind im Sommer jeweils mit dem Auto nach Italien gefahren ans Meer. Das erste Mal nach Elba, als die Kinder sechs waren. Nach Sant'Andrea an der Nordseite der Insel. Ein pittoresker Ort, im Rücken die Berge, vor den Augen eine Bucht aufs offene Meer hinaus. Zwei einfache Zweierzimmer mit einer Terrasse, wo wir gefrühstückt haben wie Könige. Am kleinen Hafen eine Bar, in der wir abends saßen.

In der Bucht draußen sind wir getaucht, meine Tochter, mein Sohn und ich. A. kam nie mit, sie hat das Meer am liebsten vom sicheren Ufer aus betrachtet.

Das Wasser war voller Fische. Am Boden die Pflanzen, die sich im Sog der Dünung bewegten. Knapp darüber die weidenden Fischschwärme, die in den Sonnenstrahlen aufblitzten. Wir haben uns ihnen auf Armlänge genähert, wir haben uns mit Gesten verständigt.

Am letzten Tag kurz vor der Abreise ist die Tochter mit einer großen Kröte angerückt, die sie im Innenhof gefunden hatte. Sie trug das Tier wie eine Puppe im Arm, sie wollte es unbedingt mit heimnehmen. Es brauchte einige Überredungskunst, um sie zu überzeugen, dass die Kröte auf Elba zu Hause war und am besten hier blieb.

Als die Kinder zwölf waren, hat es mit Italien nicht mehr geklappt. Wir hatten nie reserviert, wir sind stets aufs Geratewohl losgefahren. Dann war plötzlich alles besetzt, jede Pension, jeder Fleck am Strand.

Also sind wir nach Griechenland geflogen. In Piräus stiegen wir auf ein Schiff, dessen Ziel wir nicht kannten. Nach vier Stunden Fahrt legte es auf Syros an. Wir nahmen ein Taxi und ließen uns die Küste entlangfahren. In einer schönen Bucht bezogen wir zwei Doppelzimmer. Dann ab ins Wasser, die Taucherbrillen vor den Augen. Wir sahen es aufleuchten auf dem Meeresboden wie Silber, dutzendfach. Es waren Perlmuscheln. Wir haben sie alle geholt.

A. blieb derweil in einer Taverne und trank Kaffee. Sie hat uns wohl im Auge behalten, ein bisschen ängstlich und erstaunt, dass aus ihrem Mann und ihren Kindern plötzlich Wassertiere geworden waren.

Auf Santorini sind wir überraschend auf eine

Gruppe befreundeter Theaterleute gestoßen. Die Abende haben wir gemeinsam auf der Ostseite neben dem Tufffelsen verbracht, den der Vulkan vor 3500 Jahren hochgetürmt hatte. Der Tuff hat bei einbrechender Nacht zu leuchten begonnen. Wir saßen unter Tamarisken und haben getafelt. Die Kinder lagen im Sand und spielten mit den auslaufenden Wellen.

Als wir auf einer Insel vor Rhodos waren, glitt draußen im Meer einen Tag lang ein weiß schimmernder Fischzug vorbei. Er trieb langsam vorwärts, ohne Anfang und Ende, in kompakter Röhrenform. Vierzig Zentimeter lange, schmale Fische, durchsichtig anmutend, Leib an Leib. Ich bin hindurchgetaucht, mehrmals hintereinander. Die Fische sind mir ausgewichen, ich habe nie einen berührt. Wenn ich zurückschaute, schwammen sie wieder in perfekter Formation.

Warum ist das Wasser im Traum so trüb? Warum ist der Fisch traurig, wer soll da gerettet werden? Sicher nicht meine Kinder. Die wissen sich zu helfen.

Die schönste Überfahrt auf offenem Meer habe ich Jahre später mit A. gemacht. In der Karibik, von St. Vincent nach Bequia. Wir saßen auf einem alten, rostigen Kahn. Mit uns nur wenige Leute, Menschen aus der Gegend.

Plötzlich wurde das tiefblaue Meer lebendig. Helle, silbern glänzende Fische schnellten in die Luft, spannten Flügel aus und segelten dreißig Meter weit über das Wasser, bis sie wieder eintauchten. Ein ganzer Schwarm war es, Wasserschwalben, die den Himmel grüßten.

Auf Bequia haben wir in einer Pension ein Zimmer gemietet. Die Gastgeberin hat uns karibisches Essen gekocht. Ihr Mann war auf einem Bananenschiff unterwegs nach Europa.

Wenn es morgens hell wurde draußen, bin ich an den Strand gegangen, der gleich vor dem Haus lag. Dort hat mich ein kleiner Hund erwartet, der gefleckt war wie ein indianischer Mustang. Draußen auf dem Riff stand ein schwarzer Reiher mit rotem Schnabel. Er war jeden Morgen dort.

Der Hund hat mir zugeschaut, wie ich in die Lagune getaucht bin. Er ist nie mitgekommen, er war wohl wasserscheu. Aber er hat jedes Mal gewartet, bis ich nach einer Stunde, verzaubert vom Karneval der Wassertiere, zurückgekehrt bin.

A. hat mir einmal vorgeschlagen, mit ihr und den Kindern nach Rom zu ziehen. Später hat sie mich zu überreden versucht, nach Mexiko auszuwandern.

Es hätte geklappt, da bin ich mir sicher. Sie hätte alles bestens organisiert.

Ich habe nicht mitgemacht. Ich bin lieber im Binnenland Schweiz geblieben.

Sie selber hat mit 23 Jahren Spanisch gelernt, in Privatstunden bei einer befreundeten Spanierin. Sie ist dann für ein Jahr als Sekretärin auf die Kanaren gegangen, zu einer Zeit, als es dort noch keine Touristen gab. Sie hat in Santa Cruz de Tenerife eine Wohnung über dem Hafen gemietet, mit einer Veranda, auf der sie, wie sie erzählt hat, frühstückte.

Ich selber habe ein Leben lang vom Wohnen am Meer geträumt. Ich träume noch heute davon, obschon es mir ohne weiteres möglich wäre, irgendwo in einer schönen Bucht eine Wohnung zu mieten.

Todtnauberg, 21. 4. 2010

Traum

Ich komme aus Basel heim in unser Haus in Zofingen. Der Vater feiert im Garten ein Fest mit Verwandten. Ich gehe unbemerkt hinauf in meine Mansarde, um zu schlafen. Aber sie ist besetzt von Gästen. Wo soll ich schlafen?

Traum

Ich versuche, aus einem handschriftlichen Tagebuch einige klare Sätze in die Maschine zu tippen. Das Tagebuch handelt von meinen Versuchen, im Tessin, im Maggiatal, einen Stall zu kaufen. Ich finde keinen einzigen klaren Satz. Ich gebe es auf.

Wieder zwei Haus-Träume. Ich drehe mich wieder einmal im Kreis.

Morgen fahre ich nach Basel zurück in meine Wohnung. Dort fange ich etwas Neues an. Eine Geschichte, die nur noch indirekt von meiner Wunde handelt, nicht mehr so hilflos direkt.

Basel, 25. 4. 2010

Gestern habe ich zum ersten Mal in diesem Jahr die Mauersegler schreien hören. Ich habe hochgeschaut und die Vögel weit oben im Himmel herumsegeln sehen.

Der Filmregisseur Xavier Koller hat mich besucht. Wir kennen uns seit Jahren.

Zum ersten Mal begegnet sind wir uns 1969 am Basler Theater. Hans Hollmann hat damals *Titus Andronicus* (unter dem Titel *Titus Titus*) inszeniert.

Mit dabei war eine Gruppe junger Komparsen, zu denen auch Xavier und ich gehörten.

1979 haben wir fürs Schweizer Fernsehen DRS das Fernsehspiel *Der Schützenkönig* gemacht. 1977 haben wir fürs Saarländische Fernsehen gemeinsam an einer Eifersuchts-Story über einen türkischen Gastarbeiter geschrieben. Bis ich gemerkt habe, dass ich den türkischen Mann zu wenig gut kannte. Worauf ich abgesagt habe.

Xavier plant unter anderem einen Film über Paracelsus. Ich habe ihn gefragt, wie er das machen wolle. Er hat gesagt, er wisse es noch nicht genau.

Ich habe nachgedacht. Und am andern Morgen habe ich ihm folgende Geschichte erzählt: Ein Mann verliert seine Frau durch den Tod. Er kann sich nicht trennen von ihrem Leichnam. Er holt ihn aus dem Grab und flieht mit ihm in die umliegenden Berge. Da es Winter ist und kalt, ist die Leiche gefroren und verwest nicht.

Der Pfarrer und der Gemeindeammann können nicht zulassen, dass jemand einen Leichnam stiehlt. Sie machen sich an die Verfolgung.

Der Mann zieht sich immer höher ins Gebirge zurück. Zuletzt lagert er die Leiche im blauen, durchsichtigen Eis eines Gletschers.

Er entdeckt, dass im Gebirge weitere Ausgestoßene leben. Eine alte Frau, die in der Einsamkeit halb verrückt geworden ist. Ein seltsamer, altertümlicher Mann, der deutlich an Paracelsus erinnert. Es ist hart, im Schnee zu überleben. Manchmal essen sie Pilze, die Halluzinationen auslösen. Während einer solchen Halluzination wird die Leiche im Eis wieder lebendig.

So weit habe ich Xavier die Geschichte erzählt. Er hat gemeint, das sei ein guter Zugang zu Paracelsus. Ob ich ihm helfen wolle?

Natürlich will ich das. Obwohl ich mir geschworen habe, nie mehr ein Filmdrehbuch zu schreiben. In einem Film steckt so viel Geld drin, dass alle Geldgeber sich verpflichtet fühlen, beim Drehbuch mitzureden. Am Schluss macht dann der Regisseur ohnehin, was er will.

Ich habe vor Jahren die großartige Paracelsus-Biographie von Pirmin Meier gelesen, eines der besten schweizerischen Geschichtsbücher des zwanzigsten Jahrhunderts. Ein Meilenstein in der Historiographie wie die *Geschichte der Schweiz in ihren Klassenkämpfen* von Robert Grimm und *Der große schweizerische Bauernkrieg* von Hans Mühlestein. Grimm und Mühlestein waren dezidierte Linke.

Pirmin Meier ist ein liberaler Konservativer. Er ist gebürtiger Würenlinger wie ich. Meier und Schneider sind die häufigsten Familiennamen in dem Dorf im unteren Aaretal, das noch vor sechzig Jahren stockkatholisch war.

Mein Vater hat eine vom anderen Ufer der Aare geheiratet, wo man wegen der Berner Herrschaft evangelisch war. Er ist ins reformierte Zofingen gezogen. Ich habe das liberale Gymnasium besucht, habe bei Walter Muschg in Basel promoviert über den literarischen Expressionismus.

Pirmin Meiers Entwicklung ist ebenso folgerichtig abgelaufen wie meine, nur in anderer Richtung. Da er in Würenlingen aufgewachsen ist, hat er das Kollegium in Sarnen besucht, das von den aus dem Kloster Muri vertriebenen Patres gegründet worden war. Er hat bei Peter von Matt in Zürich über den katholischen Historiographen und Lyriker Reinhold Schneider promoviert und unterrichtet an der luzernischen Kantonsschule Beromünster.

In vielem ist er ein Antipode von mir.

Basel, 29. 4. 2010

Es fällt mir nicht viel zu Paracelsus ein. Zudem will ich nicht wieder in die Berge zurück. Ich habe Xavier Koller abgesagt.

Als ich dieses Tagebuch am 1. Juni vor einem Jahr wieder aufgenommen habe, war ich eigentlich entschlossen, daraus ein vierhundertseitiges Buch zu machen, das anhand meiner nächtlichen Träume mein Leben erzählt. Eine Autobiographie also, nicht der Chronologie folgend, sondern mosaikartig aus einzelnen Traumerinnerungen zusammengesetzt.

Nun droht wieder die Spirale in die Depression.

Ich bin deprimiert darüber, dass ich immer wieder dieselben Träume habe, im wachen Erinnern immer wieder auf dieselben Erlebnisse stoße, die offenbar mein Leben geprägt und erleuchtet haben. Als ob der Erlebniskreis meines Lebens endgültig abgerundet sei.

Ich kann mich nicht von meiner Vergangenheit verabschieden. Ich verteidige sie, verteidige den Kreis, der mein bisheriges Leben einschließt und abschließt. Ich verteidige etwas, was ich gar nicht haben will. Ich mauere mich selber ein, obschon ich immer wieder versuche, die Mauer schreibend zu durchbrechen. Ich schneide mich immer mehr vom Leben ab, das draußen vorbeizieht. Ich sehe es, das schon, ich beobachte es genau. Aber teilnehmen daran kann ich nicht.

Ich hätte genug Geld, um zum Beispiel ein Jahr in Rio de Janeiro zu verbringen, der Traumstadt meiner

Jugend. Ich könnte mich einmieten in einem Hotel an der Copacabana. Im Meer schwimmen. Samba tanzen. Eine schöne Frau bezahlen. Den besten Wein trinken, die teuerste Habana rauchen, in einem weißen Korbstuhl sitzen mit einem Strohhut auf dem Kopf.

Stattdessen hocke ich in meiner Wohnhöhle in Basel. Notiere ab und zu einen windigen Traum, der sich bei meinem Erwachen schon fast ganz verflüchtigt hat. Und versuche, meine Langeweile, meine Einsamkeit zu beschreiben.

Ich denke immer noch an eine Filmgeschichte über einen Mann, der mit der Leiche seiner Frau ins Gebirge flüchtet und sich dort versteckt. Der Schluss ist mir inzwischen klar geworden: Der Mann hockt, die Leiche seiner Frau in den Armen, erfroren auf einem Gletscher in 3000 Metern Höhe, mit Eiszapfen am Kinn.

Basel, 9. 5. 2010

Heute Morgen bin ich, so wie ich das immer tue, wenn ich in Basel bin, in den Allschwiler Wald gefahren. Ein wunderschönes, altes Gehölz. Keine Fichten und Weißtannen, außer ein paar Eiben nur Laubbäume. Vor allem Eichen, dann Buchen und Hagebuchen, Akazien und Kirschbäume. Ein Eldorado für Vögel. Meisen und Finken, Spatzen und Amseln. Mittelspecht, Buntspecht, Grünspecht und Schwarzspecht. Baumläufer und Spechtmeise, Rotbrüstchen und Zaunkönig. An einem Maimorgen wie heute singen die alle, was das Zeug hält.

Bis vor wenigen Jahren stand dicht am Weg, der am Wasserturm vorbeiführt, eine alte Hagebuche, in deren Stamm Spechte Höhlen gehämmert hatten. Aus einer dieser Höhlen hat im Frühling stets der riesengroße Kopf eines Kuckuckskindes herausgeschaut. Die beiden Pflegeeltern, es waren Buntspechte, hatten alle Mühe, genügend Futter heranzuschaffen und in den überdimensionierten Jungvogelschnabel zu stopfen. Ein Schauspiel, das mich immer erheitert hat. Wie können die Vögel so dumm sein, habe ich gedacht, unter Aufbietung aller Kräfte einen fremden Balg großzuziehen? Aber wenn ich den Ruf des Kuckucks, dieses märchenhafte, lockende Flöten durchs Laub tönen hörte, war ich dem Buntspechtpaar dankbar.

Seit einiger Zeit steht die alte Hagebuche nicht mehr dort. Die Waldarbeiter haben sie umgehauen, weil sie wohl am Absterben war. Seitdem ruft auch kein Kuckuck mehr.

Heute Morgen habe ich zum ersten Mal dieses Jahr den Pirol gehört. Der Pirol ist der letzte Zugvogel, der bei uns eintrifft. Er ist auch der Erste, der wieder abhaut. Man sieht ihn nicht, da er sich oben in den Laubkronen aufhält.

Sein Flöten wird im Vogelbuch mit »di dudlio« umschrieben. In Wirklichkeit klingt es ganz anders. Ein voller, sonorer Klang, weich wie eine Oboe. Immer dieselben drei Töne, die den Wald zum Klingen bringen. Die den Wald verzaubern. Und auch mich.

Basel, 11. 5. 2010

Soeben hat mich der Diogenes Verlag angerufen und gesagt, er plane einige meiner älteren Bücher wiederaufzulegen.

Ein Teil meines Werkes ist also für die nähere Zukunft gerettet. Was mich ungemein beruhigt. Ich habe zwar immer behauptet, dass ich nicht für die Nachwelt schreibe, sondern für die Gegenwart. Aber insgeheim habe ich für die Ewigkeit geschrieben.

Ewigkeit heißt, dass es keine Zeit gibt. Keine Abfolge einzelner Augenblicke, keine Veränderung in der Zeit und durch die Zeit. Unvorstellbar für uns Menschen, denkbar nur als abstrakte Idee.

Ich versuche selten, diese abstrakte Idee zu denken, weil ich kein abstrakter Denker bin. Das heißt, die Idee der Ewigkeit interessiert mich nicht. Ich bin zwar in meinem Grundwesen ein gläubiger Mensch. Aber ich lasse meinen Glauben offen. Ich versuche nicht, aus meinem Glauben ein Gebäude zu errichten, es zu möblieren mit Bildern und Geschichten. Was ich mir nicht vorstellen kann, stelle ich mir nicht vor.

Zeitlosigkeit erlebe ich beim Schreiben. Im Augenblick, in dem ich schreibe. Immer von Hand, in meiner Handschrift. Die Zuhilfenahme eines technischen Hilfsmittels wie zum Beispiel einer Schreibmaschine würde die Zeitlosigkeit aufheben und mich in die Zeit zurückziehen. Vom Kopf über die Hand aufs Papier, das ist der direkte Weg.

Beim Überarbeiten dann nehme ich die Schreibmaschine. Die Maschine schafft Distanz. Beim Eintippen verankere ich den Text in der Zeit. Das ist Handwerk.

Es gibt zwei Zeitlosigkeiten für mich. Die eine ist das Schreiben. Die andere ist der Traum. Der Traum ist der Virtuose der Zeitlosigkeit. Vergangenheit, Gegenwart und manchmal auch Zukunft verschmelzen in der Wirklichkeit des Träumens.

Basel, 15. 5. 2010

Traum

Ich bin im Emmental, gehe die Emme entlang, sehe schöne, große Forellen. Eine Fischrute steht da, der Köder ist noch dran. Ich werfe aus, und schon beißt ein Fisch an. Unten in der Flussbiegung erscheint ein Wanderer. Ich schlage dem Fisch zweimal ins Genick, verstecke ihn zwischen Hemd und Brust. So mache ich mich davon, den immer noch zappelnden Fisch unter dem Hemd.

Endlich wieder einmal ein guter Traum. Und zum Teufel mit dem Wanderer.

Ich habe das dritte Tagebuch von Max Frisch gelesen, das kürzlich erschienen ist. Kein Tagebuch im üblichen Sinn, sondern eine Erzählform, die Frisch zur Meisterschaft entwickelt hat. Leicht und spannend zu lesen.

Frisch war, als er dieses Werk schrieb, ein Jahr jünger, als ich es im Moment bin.

Was mich ungemein stört, ist seine Eitelkeit. Offenbar ist es unmöglich, dass ein alter Mann ein Tagebuch schreibt, ohne dass aus jeder Zeile die Eitelkeit tropft. Sicher, Max Frisch hatte es geschafft. Aber das habe ich schon vorher gewusst.

Privat gibt er fast nichts von sich.

Ich habe vor Jahrzehnten Charlie Chaplins Autobiographie gelesen. Zu Beginn schreibt er von seiner Mutter, die tagelang nur von Tee gelebt hat. Von seiner Zeit im Waisenhaus. Von seinen ersten Jahren als Schauspieler. Das alles ist große Literatur.

Der Teil, der von seinen ersten Erfolgen handelt,

ist immer noch gut zu lesen. Der Schlussteil aber, in dem er von seinem Welterfolg erzählt, ist stinklangweilig.

Das gibt mir zu denken. Sind die Sätze, die ich in dieses Heft schreibe, ebenfalls voller Eitelkeit? Bin ich ein seniler Eitelkeitspinsel?

Ich habe dagegen Vorkehrungen getroffen. Erstens einmal, indem ich meine Träume notiere. Träume handeln von blutigen Problemen, nicht von Eitelkeit. Zweitens, indem ich mein Schreibniveau bewusst niedrig halte. Alltagssprache eben, nichts weiter.

Basel, 17. 5. 2010

Heute Morgen habe ich im Allschwiler Wald doch wieder einen Kuckuck rufen hören. Hoffentlich hat er sein Ei gut versteckt. Sonst hauen die Waldarbeiter den Baum wieder um.

Basel, 22. 5. 2010

Gestern habe ich von Peter Rüedi erfahren, dass mein Freund Rudolf Mazzola, ehemals Kammersänger der Staatsoper Wien, gestorben ist. Dem toten Mazzola zu Ehren sei die Staatsoper schwarz beflaggt.

Mazzola war ein leidenschaftlicher Leser. Ich

konnte mit niemandem so gut über Literatur reden wie mit ihm.

Er war neugierig und lebenshungrig. Keine Spur von helvetischem Nebelschleier, von Depression. Auch wenn er ab und zu in einen rabenschwarzen Sarkasmus abgedriftet ist. Aber Sarkasmus ist nicht gleich Depression.

Ruedi Mazzola war Bluter. Das Blut, das nicht gerinnen konnte, hat ihm sämtliche Gelenke zerstört. Er hat sie alle ersetzen lassen. Er hat dem Tod tagtäglich ins Auge geblickt.

Heute Nachmittag hätte ich eigentlich, anlässlich einer Übersetzung ins Italienische, in Chiasso vorlesen sollen. Der vorgeschobene Grund meiner Absage sind die Rückenschmerzen, unter denen ich leide. In Wirklichkeit will ich schlicht und einfach nicht. Ein Vorteil des Alters ist, dass man nicht mehr einwandfrei funktionieren muss.

Basel, 12. 6. 2010
Soeben habe ich mit meinem Kollegen Dieter Forte telefoniert, der gleich um die Ecke wohnt. Ich habe ihm zum 75. Geburtstag gratuliert.

Dieter Forte hat in seiner Kindheit die Bombennächte von Düsseldorf erlebt. Er ist an der Hand seiner Mutter durch das zerbombte Deutschland gewandert, auf der Suche nach ein bisschen Sicherheit. Seither leidet er unter Asthma.

Um 1970 hat ihn Hermann Beil nach Basel geholt, sein Stück *Martin Luther & Thomas Münzer* wurde hier uraufgeführt. Ich war Statist darin und bin mitgefahren zu den Gastspielen, unter anderem nach Venedig. Im Boot, das uns vom Flughafen zu dem alten Palazzo brachte, wo wir einlogiert waren, saß er, zusammen mit seiner Frau, hinten auf einer roten Plüschbank. Die beiden haben gestrahlt wie Maikäfer.

Er hat seine lange Lebenszeit nur überstanden, indem er schreibend Zeugnis ablegte über seine Kindheit in der Hölle. Geholfen hat ihm dabei seine Frau, eine gescheite, charmante Dame, die auf ihn achtgegeben hat. Oft war auch seine Mutter bei ihm, wenn ich ihn getroffen habe. Wenn ich sie sah, dachte ich an die Trümmerfrauen, welche die zerstörten Städte mit bloßen Händen wieder einigermaßen bewohnbar zu machen versucht haben. Eine Art Schlesierin, herzlich und zäh.

Dieter hat mir am Telefon gesagt, er habe im Krankenhaus eine Infektion erlitten, die ihn beinahe umgebracht hätte. Er habe monatelang liegen müssen und könne sich kaum mehr auf den Beinen halten.

Ich habe ihn gefragt, ob er im kommenden November an den Todtnauberger Literaturtagen vorlesen wolle. Wir würden ihn vor seiner Haustür abholen. Nein, das gehe nicht. Seine Frau sei auch krank, er müsse sich um sie kümmern.

Basel, 19. 6. 2010

Traum

Zwei Schlangen, dick, wie Krokodile ohne Beine, gefährlich, ekelhaft. Einer wird der Kopf abgeschlagen. Daraus machen wir Suppe, sagt jemand. Alles ist ekelhaft.

Ich habe mich ärztlich untersuchen lassen. Das Ergebnis: Ich schlucke pro Tag drei Pillen. Eine gegen hohen Blutdruck, eine gegen *restless legs*, eine für die Verkleinerung der Prostata. Alle drei werden von der Krankenkasse bezahlt. Was die chemische Industrie freut.

Daher kommt der Traum mit den ekelhaften Schlangen. Anders kann ich ihn mir nicht erklären.

Ich habe meiner Tochter von meinen Gebresten erzählt. Sie hat nur gelacht. Sei froh, hat sie gesagt, dass das erst so spät kommt. Was mich beruhigt hat. Aber nur ein bisschen.

Vor über dreißig Jahren habe ich einmal in der Nähe von San Francisco im Pazifik gebadet. Da hat ein Autofahrer angehalten und mir zugerufen, hier sei vor einer halben Stunde ein Hai vorbeigeschwommen.

Ein großartiger Abgang, dachte ich, im Pazifik von einem Hai zerrissen zu werden.

Das hat auch A. gemeint, als ich ihr nach meiner Rückkehr davon erzählt habe. Du hast den Größenwahn, hat sie gesagt.

Vermutlich werde ich ganz anders sterben. Nicht zerfleischt von einem wunderschönen Raubfisch des Ozeans. Sondern unter Morphium dahindämmernd in einem Spitalbett erster Klasse, mit einem Katheter im Penis, träumend von schlangenähnlichen, ekelhaften Fischen. Der Gestank von abgestandenem Urin. Und alles bezahlt von der fürsorglichen Krankenkasse.

Todtnauberg, 7. 7. 2010

Traum

Ich bin in einem Städtchen wie Zofingen, oder so ähnlich. Ich treibe mich mit einem ehemaligen Freund herum. Ich will in meinen schwarzen Fiat steigen und heimfahren. Aber der Freund erinnert mich an eine alte Geschichte, von der ich nichts mehr weiß. Totschlag oder so? Ich komme nicht los von ihm.

Wir gehen in den Stadtsaal, in dessen Keller altes Gerümpel herumliegt, wühlen darin, denn dort ist etwas, was niemand wissen darf.

Später ein Volksfest, viele Leute, überall sind Autos geparkt, nur meines sehe ich nicht. Ich irre umher. Es gibt Leute, die mir helfen wollen. Ich habe meine Jacke mit Schlüsseln und Geldbeutel nicht mehr, es ist späte Nacht, wo soll ich übernachten? Da taucht mein Freund wieder auf, er weiß von jenem Geheimnis, das ich nicht kenne. Er ist schwer betrunken. Bin ich es auch? Aber niemand denkt, ich sei betrunken. Alle fragen mich, was das denn für ein fürchterlicher Kerl sei, mein ehemaliger Freund. Ich muss unbedingt mein Auto finden, sonst komme ich nicht los.

Am Schluss habe ich meine Jacke wieder, alles ist noch in den Taschen. Nur mein Auto finde ich noch immer nicht.

Es ist jetzt drei Uhr nachmittags.

Ein schrecklicher Traum, den ich immer wieder träume. Stets bin ich in Gesellschaft mit einem Makel behaftet, den ich verstecken will, was mir auch weitgehend gelingt. Immer sucht mich etwas heim, von dem ich nichts Genaues weiß, das aber zu mir gehört, zu meiner Vergangenheit. Eine Leiche im Keller, wie man sagt.

Todtnauberg, 7. 8. 2010

Heute habe ich mit meiner Tochter eine vierstündige Wanderung über den Feldberg gemacht. Wunderschön.

Basel, 11. 8. 2010

Traum

Ein Bauernhof, auf dem der alte Bauer diktatorisch regiert. Ich, als Junger, kämpfe gegen ihn, obschon ich eigentlich keine Chance habe. Dann habe ich doch eine Chance. Ich schlage ihn, besiege ihn. Ich möchte ihn umbringen, weiß aber nicht wie. Vielleicht gelingt es doch. Er ist ein Scheusal.

Todtnauberg, 7. 9. 2010

Traum

Ich werde von einer schönen, reizenden Frau (einer Chinesin?) durch eine chinesische Stadt geführt, durch eine alte, verbotene Stadt. Phantastische Exotik. Eigentlich werden hier keine Fremden geduldet, ich bin eine Ausnahme. Allein wäre ich verloren. Oder vielleicht doch nicht?

Draußen im Meer sehe ich Wale. Ihre schwarzen Leiber wölben sich aus dem Meer, verschwinden wieder. Sind es wirklich Wale? Fast zu schön, um wahr zu sein.

1963 habe ich in Basel, in einem Spezialgeschäft, ein buntes, seidenes chinesisches Frauenkleid gekauft, das ich im Schaufenster sah. Viel zu teuer für mich, aber ich wollte es A. schenken. Sie hat sich ungemein gefreut darüber. Sie hat es angezogen, es hat ihr gepasst wie angegossen.

Todtnauberg, 17. 9. 2010

Traum

Bei Werner Schmidli, ich bin mit A. bei ihm zu Besuch. Er wohnt auf dem Land, besitzt einen Stall. Früher hatte er ein Pferd darin, jetzt nicht mehr. Ich bin eifersüchtig, weil Schmidli A. anmacht.

Vor einem Nachbarhof sehe ich ein großes Krokodil vorbeikriechen.

Werner Schmidli war über Jahre hinweg mein engster Schriftstellerfreund. Wir haben uns jeweils im Straßburgerhof an der Hegenheimerstraße in Basel getroffen und bis um Mitternacht Rotwein getrunken. Wir haben Kollegen durchgehechelt und uns gegenseitig Mut gemacht. Er hat immer davon geredet, dass er demnächst ein Bauernhaus im Elsass kaufen werde. Er hat nie eines gekauft.

Was das Krokodil soll, weiß ich nicht genau. Es ist wohl ein ähnliches Urvieh wie die Nilpferde.

Schmidli hat sein Schreiben sehr ernst genommen. Er wollte Kunst herstellen, nicht nur für die Gegenwart, sondern für die Nachwelt. Heute ist er vergessen.

Er kam aus einer Kleinbasler Arbeiterfamilie und hat eine Laborantenlehre gemacht. Dann ist er mit dem Schiff durch den Suezkanal nach Australien gereist, hat dort eine Zeitlang gearbeitet und ist mit dem Schiff durch Südsee und Panamakanal zurückgefahren nach Basel. Hier hat er angefangen, die Kleinbasler Arbeiterwelt zu beschreiben. Erst mit kurzen Geschichten, dann mit den beiden Romanen *Meinetwegen soll es doch schneien* und *Das Schattenhaus*. Er ist bekannt geworden als Arbeiterdichter und ist der kommunistischen Partei der Arbeit beigetreten.

Einmal wurde er in parteioffizieller Mission nach Minsk eingeladen, wo er offenbar die schweizerische Arbeiterliteratur vertreten sollte. Er hat mir voller Stolz erzählt, dass er am Flugplatz von einer schwarzen Limousine abgeholt worden sei, die mit gellendem Horn bei Rot über die Kreuzungen gerast sei. Das hat ihm imponiert.

Ich finde seine ersten Texte noch heute gut.

Später ist ihm das Proletariat abhandengekommen. Er hat sich zum Kleinbürger verwandelt, hat eine Literatur geschrieben, die im Opel Kapitän daherfuhr. Er hat nach wie vor konsequent geschrieben, hat jede feste Bindung, Familie und Kinder abgelehnt, um sich frei zu halten für die Kunst, die zur Kleinbürgerkunst wurde. Er hat die Beziehung zur lebendigen Welt verloren, hat sich immer stärker abgeschottet. Er ließ sich überhaupt nichts mehr sagen, auch von mir nicht. Da er keinen Erfolg mehr hatte, ist er verarmt und verbittert gestorben.

Eine normale Autorenbiographie aus der Schweiz.

Gestern bin ich bei der Beerdigung meines rund zehn Jahre jüngeren Kollegen Tadeus Pfeifer gewesen. Er war lange Zeit mein Wohnungsnachbar. Ich habe ihn oft besucht am späten Abend, wir haben Wein getrunken und geschwatzt in alle Nacht hinein, ich, der Familienvater, er, der Dandy.

Er hat schon in jungen Jahren beschlossen, als freier Schriftsteller zu leben. Das war Ende der Sechzigerjahre in Mode. Keine Lohnarbeit mehr bitte, man lebte für die Kunst. Tadeus kaufte sich einen alten Mercedes, fuhr zur Sommerzeit vor den Kunsthallengarten, stieg aus und schlenderte hinein, um einen Campari Soda zu schlürfen.

Er hat sich wacker geschlagen, hat Romane und Gedichte veröffentlicht. Er ist, trotz Diabetes, nach Afrika und Indien gereist. Dort, in Goa, so hat er erzählt, hat er in leichtem Seidenanzug und Strohhut als Dichter am Ozean gesessen. Gestern bei der Trauerfeier war auch eine Gruppe alter Kollegen anwesend. Wir haben uns die Hände geschüttelt, ein ziemlich maroder Haufen.

Basel, 2. 1. 2011

Ein paar Wochen vor Weihnachten hat mich ein Dramaturg vom Stadttheater Bern angerufen. Er wollte, dass ich ein Stück über das Einsperren junger Leute in Heime für Schwererziehbare schreibe, wie es in der Schweiz noch vor fünfzig Jahren ohne weiteres möglich war. Ich habe geantwortet, dass ich schon vor langem beschlossen habe, keine Theaterstücke mehr zu schreiben, weil ich zu alt sei. Er solle jüngere Leute fragen. Nein, hat er gesagt, er frage mit Absicht einen alten Autor, weil der sich noch an jene Zeit erinnern könne. Zudem hätte ich ja schon einiges darüber geschrieben.

Das hat mir eingeleuchtet. Und es hat mir geschmeichelt. Ich habe ihm als Thema den Autor C. A. Loosli vorgeschlagen, von dem ich zwar wenig gelesen hatte, von dem ich aber den Lebenslauf kannte. 1877 unehelich geboren, die ersten Jahre bei einer Pflegemutter aufgewachsen, dann in einer Erziehungsanstalt. Zwei Jahre in der Jugendstrafanstalt Trachselwald im Emmental.

1901 wurde endlich seine Vormundschaft aufgehoben, er wurde entvogtet. 1904 ließ er sich mit seiner Familie in der Nähe von Bern nieder und hat dort als ›Philosoph von Bümpliz‹ bis ins hohe Alter gegen amtliche Willkür und Unterdrückung gekämpft. Was ihm das Großbürgertum (ich finde noch immer kein genaueres Wort) heimgezahlt hat, indem es ihn verfemte.

Ich könne mir vorstellen, habe ich dem Dramaturgen gesagt, über diese großartige Gestalt ein Stück zu schreiben. Ich würde mich auf ihre Fährte setzen, auch wenn möglicherweise nichts daraus werde. Einfach deshalb, weil mich Loosli brennend interessiere, weil er auf meinem Weg liege.

Damit war der Dramaturg einverstanden.

Ich habe mir umgehend die sieben Bände Loosli bestellt, die ab 2006 im Rotpunkt Verlag erschienen sind. Ich habe den ersten Band zu lesen begonnen und habe gestaunt. *Anstaltsleben*, ein 150 Seiten langer Text, scharf gedacht und glänzend geschrieben, mit genauen Beschreibungen der Anstaltswirklichkeit, in der mit der Zwangsjacke erzogen wurde. Von einer sprachlichen Überzeugungskraft, die zum Handeln aufruft.

Und ich, der ich Germanistik studiert habe, habe damals von Loosli so wenig gehört wie von Jakob Bührer.

Meine Mutter hat als junge Frau in einer ähnlichen Anstalt gearbeitet. Sie hat von den Bettnässern erzählt, die in den Schulpausen neben den nassen Laken stehen mussten. Die armen Buben, hat Mutter gesagt.

Ich habe dann beim Chronos Verlag die ersten drei Bände der großen Loosli-Biographie von Erwin Marti bestellt und gelesen. Sie ist hervorragend recherchiert und gut geschrieben und zeichnet ein präzises Bild der damaligen Schweiz.

Jetzt bin ich daran, mich tiefer in Looslis Werk einzuarbeiten. Darauf freue ich mich, einzutauchen in das gelebte Leben eines Kämpfers für Gerechtigkeit. Ob daraus tatsächlich eine Theateraufführung wird, ist mir im Moment egal.

1913 hat Loosli unter dem Titel *Jeremias Gotthelf, ein literaturgeschichtliches Rätsel?* eine Satire über den Gotthelf-Kult veröffentlicht. Darin behauptete er, nicht der Pfarrer von Lützelflüh habe die großen Gotthelf-Romane verfasst, sondern ein Bauer namens Johann Ulrich Geissbühler. Das hat ihm der Feuilletonchef der *Neuen Zürcher Zeitung* so übelgenommen, dass er ihn für immer aus der Reihe der ernstzunehmenden Schriftsteller ausschloss.

Dieses Verdikt, wie lächerlich es auch war, wirkt bis heute nach, obschon Loosli einer der großen Schweizer Autoren des 20. Jahrhunderts ist.

Basel, 4. 1. 2011

Heute über Mittag hat mich ein Mann vom Schweizerischen Literaturarchiv in Bern besucht. Er will meinen schriftstellerischen Nachlass haben. Was mich freut und ehrt.

Ich habe von Beginn an alles, was ich geschrieben habe, in karierte Schulhefte geschrieben. Sie liegen alle in meiner Basler Wohnung. Sie gefallen mir, ich bin stolz darauf. Gezählt habe ich sie nie, es werden gegen zweihundert sein. Was zusammengehört, habe ich mit einer Schnur zusammengebunden. Ein Hunkeler-Roman zum Beispiel besteht aus drei Heften.

Ich brauche noch etwas Zeit, um mich auf die Trennung vorzubereiten. Dann werde ich die Hefte weggeben.

Inhalt